MÉMOIRES ET RÉCITS DE GUERRE

PIERRE DE KADORÉ

MON GROUPE D'AUTOS-CANONS

Souvenirs de Campagne d'un Officier de marine

(SEPTEMBRE 1914 – AVRIL 1916)

LIBRAIRIE·HACHETTE·ET·C^{IE}
79, Boulevard Saint-Germain.
1917

MON GROUPE D'AUTOS-CANONS

PIERRE DE KADORÉ

MON GROUPE D'AUTOS-CANONS

Souvenirs de Campagne d'un Officier de marine

(SEPTEMBRE 1914 – AVRIL 1916)

LIBRAIRIE·HACHETTE·ET·Cⁱᵉ
79, Boulevard Saint-Germain.
1917

PERSONNEL

DU 1ᵉʳ GROUPE D'AUTOS-CANONS DE 37

DE LA MARINE

———

Un lieutenant de vaisseau, **commandant.**

L'enseigne de vaisseau R...

Le lieutenant SAAR, des chasseurs d'Afrique.

Le sous-lieutenant LE PRINCE, du service automobile (...ᵉ régiment d'artillerie).

L'adjudant GROLOUS, du service automobile (...ᵉ **régiment** d'artillerie).

L'adjudant DE GOUY D'ARSY, du service automobile (...ᵉ régiment d'artillerie).

L'adjudant PERINI, du ...ᵉ zouaves.

Le maréchal des logis BESNARD, du service automobile.

Le maréchal des logis HAVRETTE, provenant de l'infanterie.

Le maréchal des logis J. LEBAUDY, provenant des dragons.

Le maréchal des logis PRESTAVOINE, provenant des chasseurs à cheval.

Les seconds-maîtres de mousqueterie DERRIEN et GRARD.

Le second-maître mécanicien SIMON.

Les quartiers-maîtres : DEROGNAT, DEZ, LE BRONEC, LEFRANÇOIS, MAGNE, MAUGENDRE, MOREAU, RABET.

Les brigadiers : DESOUCHES, MAGNIER, PARANT, TAINE.

Les matelots : ARVERS, BENOIT, BOURGEOIS, BOUTEILLER, CASTAING, CHARLES, CLÉMENT, CHISLARD, CORNU, DANIEL, DAUDELET, DESJARDINS, DROALIN, DUMONT, FERTÉ, FRANCESCHI, GARNAULT, GALLAND, GIANELLI,

Guiban, Hamel, Hamelin, Hars, Hervé, Holtzmann, Horny, Houisse, Julien, Lemonde, Lirzin, Lyeuté Marion, Mattéi, Menou, Renaud, Royant, Talbot, Tilly, Tonnerre, Wacquez.

Les soldats : Baroni, Bousson, Cavelier, Gautier, Godard, Gomrée, Guy, Léger, Michel, Stuyck, Vasse, Vernet, Vialat.

. Ont été cités à l'ordre du jour :

De l'*Armée :* le maréchal des logis Besnard, le matelot Desjardins.

Du *Corps d'Armée :* les matelots Lemonde et Menou.

De la *Division :* l'enseigne R..., le sous-lieutenant Le Prince ; le maréchal des logis Lebaudy.

De la *Brigade :* l'adjudant Grolous, le second-maître Grard, le maréchal des logis Lebaudy, les quartiers-maîtres Derognat et Rabet, les matelots Castaing, Clément, Dumont, Franceschi, Lemonde, Lirzin, Royant, Tilly.

Du *Régiment :* l'enseigne de vaisseau R..., l'adjudant Perini, le second-maître Derrien.

Du *Groupe :* l'adjudant de Gouy d'Arsy, les maréchaux des logis Havrette et Prestavoine, le brigadier Parant, le soldat Gomrée.

UNE BONNE RECETTE

EN GUISE DE PROLOGUE

Dédiée à tous ceux qui firent
partie du 1er Groupe d'autos-
canons de la Marine.

« Prenez un lieutenant et un enseigne de vaisseau, avec, autour, une quarantaine de matelots ; introduisez le piment d'un lieutenant de chasseurs d'Afrique, d'un sous-lieutenant d'artillerie ; ajoutez deux adjudants de la même arme et un autre de zouaves....

« Mettez beaucoup d'huile....

« Exposez le tout au feu des Boches. A mesure que le mélange se réduit, remplacez les déchets par quelques hussards, dragons ou fantassins. Agrémentez avec une dizaine de sapeurs ; au besoin, six guetteurs sémaphoriques.

« Encadrez avec la proportion voulue de sous-officiers, caporaux, quartiers-maîtres et brigadiers.

« N'agitez pas... et remettez beaucoup d'huile.

« Enfin, servez dans des voitures automobiles

préalablement garnies d'un canon ou d'une mitrailleuse. »

* *
*

Cet étrange ragoût ne représente-t-il pas un peu ce que nous avons été ?

Et cependant, je ne pousserai pas plus loin ma comparaison, ne voulant point incommoder le charme de nos souvenirs communs par des relents de cuisine.

Je tiens plutôt à dire pourquoi, mettant à profit quelques loisirs, j'ai voulu « parler de nous ».

La raison en est tout simplement que j'ai cru bon de céder aux affectueuses sollicitations de plusieurs d'entre vous.

« Commandant ! Jamais on n'a dit un mot de nos services, nulle part ! Et ce silence nous afflige tellement....

— « On était sept ou huit cents matelots, éparpillés par petits paquets autonomes, de Nieuport à Belfort, m'écrit le quartier-maître X...

« Cela constituait les « groupes d'autos-canons[1] de la Marine ».

---

1. *Autos-canons !* Les grammairiens puristes ne seront peut-être point satisfaits ! Mais « auto-canons » ne signifierait-il pas plutôt « canons-automobiles... » ou « automatiques »?...

« *Sans doute s'est-on imaginé que, marins servant à terre, nous faisions partie de la légendaire et héroïque brigade de l'amiral Ronarc'h ?*

« *Alors, quel rôle piteux y aurions-nous joué pour qu'on ne nous ait pas seulement mentionnés, dans les livres qui ont retracé ses hauts faits ?* »

Vous comprenez donc bien, n'est-ce pas, à quel sentiment j'obéis. Certes, j'eusse très sincèrement désiré pouvoir consulter les journaux de marche de toutes ces unités d'apparence bizarre qu'étaient nos Groupes, pour y choisir les épisodes les plus saisissants, parmi tous ceux qui y abondent; mais je n'en ai point eu la possibilité.

Pressé de vous donner satisfaction dans la faible mesure de mes moyens, j'ai donc dû me résigner à parler seulement de notre propre histoire.

D'ailleurs, partis les premiers, lancés subitement vers le front avec cette seule indication : « *combattre !* », *n'avons-nous point senti souvent, mieux que nos camarades, l'étrangeté de notre situation si particulière aux Armées ?*

J'ai enregistré au jour le jour, vous pensez bien, les moindres incidents de notre longue et si intime existence côte à côte, cœur à cœur; mais j'ai seulement extrait de ce « Journal » ce qui va suivre, c'est-à-dire ce qui, grâce à la diversité, pourra, j'espère, résumer tant bien que mal l'ensemble des impressions si complexes que nous avons tous rapportées de là-bas.

MON GROUPE D'AUTOS-CANONS

I

DU PÉROU AU FRONT

Le 3 août 1914, un télégramme reçu à Lima prescrivait aux officiers de nos missions militaire et navale au Pérou de rentrer en France par les voies les plus rapides : l'ordre que nous étions sur le point de solliciter nous parvenait d'urgence ; on n'oubliait donc pas les isolés qui pouvaient être surpris aux quatre coins du monde par la mobilisation générale.

Le prochain paquebot pour Panama partait le 6 du Callao ; je résolus de prendre celui-là, sans m'attarder à discuter les meilleures chances possibles d'un retour par le détroit de Magellan. En tout cas, je ne songeai d'aucune manière à emprunter la route de la Cordillère, qui de Santiago conduit à Buenos-Ayres, car il m'eût fallu traverser le Chili, dont les allures germanophiles pouvaient me faire courir le risque d'aventures peu souhaitables.

Au contraire, à Colon, j'avais l'espoir de trouver un paquebot français en partance pour Bordeaux, et le désir de me ranger au plus vite « sous mon pavillon », primait alors naturellement tous les autres.

Le 6 août, j'embarquais à bord du *Pachitea*, vapeur péruvien ; et, dans l'après-midi, nous nous mettions en route, salués par les acclamations des amis en foule, qui encombraient les petites barques d'alentour.

Ce brusque arrachement d'un pays à la fois énigmatique et captivant, où j'avais passé bien près de quatre années, où tant d'amitiés profondes me restaient, me fut extrêmement douloureux.

L'horizon de la Grande Baie, les îles de

San-Lorenzo, les navires de guerre à leur mouillage, la silhouette du Morro Solar, les sites plus éloignés encore et qui petit à petit m'échappaient, tout, l'ensemble des choses et le détail de chacune d'elles, agit alors spontanément en moi sur ces ressorts ténus qui déclenchent, au tic-tac du cœur, le défilé des réminiscences chères : chevauchées sur les sables chauds, vers les troublants mirages ; escalades au flanc de la Royale Cordillère ; la bienfaisante paix des atmosphères brûlantes, des forêts aux lourdes sèves et bruissantes du « zumbido » des insectes....

Tout ce qui chanta pour moi, ce jour-là, la chanson des souvenirs, demeure présent « en arrière de mes yeux » et y restera, j'en suis sûr, à jamais gravé.

Tout cela, c'est, dans le « Jardin Public », le parterre réservé, aux fleurs choisies, celles que seules des mains tremblantes de tendre émotion peuvent cueillir, pour tresser

des guirlandes au front énigmatique des Chi-
mères... et avec le précieux bouquet de ces
fleurs-là, comme je me délecte à souffleter
« ceux d'en face » !....

Les misérables ! A cause d'eux, des noms
d'Orient se sont imprimés à leur tour aux
pages de la funèbre Histoire ; des armées se sont
rencontrées aux bords de l'Euphrate ; dans
les déserts d'Arabie, et près des sources du
Nil mystérieux, il y a des hommes ennemis
qui se cherchent ; le regard pétrifié du Sphinx
voit défiler de nouvelles cohortes, après tant
d'autres....

Fixé depuis trop longtemps par la lente
guerre sous un ciel lourd des brumes venues
du Nord ; en une morne contrée de plaines
dévastées que l'eau fangeuse inonde, où
de maigres arbres sont courbés par la continuité des tempêtes, comme je me prends à
désirer le reposant enchantement de tous
ces « là-bas » aux horizons harmonieux !

* *
*

... Ceux de France, mesurant les belles étendues vallonnées, au soleil d'été, avaient rêvé de tournois glorieux, la lance au poing ; d'escadrons miroitants, boutant l'ennemi, droits sur les étriers....

Ah ! brandir des étendards ! Charger, la lame haute ! Mettre des rubans à la garde de son épée !....

Mais « les autres » n'ont pas voulu de Beauté dans la bataille, et il nous a fallu restreindre nos élans, les ployer aux ternes nécessités de l'inélégante tuerie...

Toutefois, quand l'aurore de Paix se lèvera à nouveau, à l'horizon pourpre du monde ensanglanté, nos fées françaises seront là, qui remettront notre coq, plus fier encore, au faîte des clochers, et sa claire chanson triomphale couvrira l'immensité des plaines ; la terre allégée s'entr'ouvrira et des voix comman-

deront : « Debout ! Debout, les morts ! »
Debout pour assainir le sol germain conquis,
y détruire les restes d'ivraie — pour y cul-
tiver la marguerite, le bluet et le coquelicot
de nos champs !

*
* *

6 août 1914, 11 heures du soir. — Dès
cette première nuit, alors que dans d'autres
circonstances il m'eût été si facile de me
laisser bercer sans pensées moroses, au
balancement tranquille du Pacifique, « la
Guerre » s'impose à moi.

Le paquebot chilien *Huasco* nous avait en
effet rejoints et pendant quelque temps
marcha de conserve avec nous. Les passagers
allemands nous provoquèrent par le chant de
la *Wacht am Rhein* et, sur le *Pachitea*, la
Marseillaise ardente et sublimement belle,
dans le grand calme nocturne, lui répondit.

J'ouvre mon « Journal de Bord ». Ses notes
concises suffiront à retracer, dans ces sou-

venirs, les quelques événements, les joies
ou désenchantements qui marquèrent pour
moi les lentes heures de la longue, si longue
traversée.

. . . .

8 août. — A Pacasmayo, le vapeur anglais
Victoria est en rade ; il doit aller à Guayaquil.
Son capitaine, Commander N. E. Sp...,
m'annonce la présence probable, au large de
Panama, du croiseur ennemi *Nuremberg.*

10 août. — En mer ; un baleinier norvégien
échange avec nous des signaux ; il demande
des nouvelles de la guerre.

12 août. — Panama. Émotionnante sym-
pathie pour les mobilisés français.

13 août. — A Colon, le paquebot *Guade-
loupe,* de la Compagnie Générale Transatlan-
tique, avisé de notre arrivée, nous a attendus,
constatation qui, outre qu'elle justifie mes
prévisions, ne permet plus aucune hésitation
ultérieure et détruit toute crainte d'avoir à
chercher un itinéraire quelconque par la

Nouvelle-Orléans, la Vera-Cruz ou New-York.

Jusqu'à La Guayra, nous naviguons sans feux. Trois croiseurs allemands, paraît-il, sont en effet dans la mer des Antilles.

En passant, de nuit, devant Curaçao, je crois bien en avoir aperçu un, occupé à embarquer du charbon.

18 août. — Au matin, nous entrons dans le port de La Guayra. Les câblogrammes français confirment toutes les bonnes nouvelles précédemment apprises.

19 août. — A Carupano, embarqué une cinquantaine de mobilisés. Le soir, à Port-of-Spain, cent cinquante autres nous rejoignent.

20 août. — Fort-de-France.

22 août. — En route pour Santander.

27 août. — Très beau temps ; mer plate. Par T. S. F., nous apprenons la chute de Namur ; mais les Français envahissent la Lorraine et les Russes avancent rapidement.

Anglais et Français ont battu les Autrichiens sur mer....

29 août. — Traversé les Açores. Nouvelle communication par T. S. F. : 100 000 (!) Allemands ont été mis hors de combat à Charleroi ; les Belges ont repris Malines et les Français Mulhouse, pour la troisième fois.

29 août. — Les Allemands se seraient rencontrés avec les Anglais, près de Cambrai...

1er septembre. — Nous entrons à Santander dans la matinée : « Les Allemands sont à La Fère. »

* *
*

Comment ! Comment se fait-il que partis de la Martinique si confiants en l'avenir... nous trouvions en abordant l'Europe cette preuve brutale de nos échecs?

Voyons ! L'armée... notre si belle armée... avec tout son passé glorieux... et cette idée tenace de Revanche... entretenue pendant quarante-quatre ans !....

Ah ! France ! France ! France !... Pardon ! pardon si, ce jour-là, j'ai douté de ta Force, de ta Destinée, de Toi, en un mot ! Pardon d'avoir chancelé, comme ivre soudain d'une lourde et détestable ivresse ; des amertumes atroces, oui, sont venues jusqu'à mes lèvres — mais pourtant je fermai obstinément la bouche. Le lendemain soir, le coup de canon de semonce, à l'entrée de la Gironde, me sembla lugubre, avec tous ses échos multipliés dans la nuit.

Un officier de marine est là, au bas de l'échelle, pour nous « arraisonner ».

Je l'interroge :

« Les nouvelles?

— Pas bonnes.... Il se peut qu'une manœuvre habile sauve Paris.... »

Et s'animant tout à coup :

... « D'ailleurs, Paris investi, Paris bombardé, Paris aux mains de l'ennemi, cela n'aurait « aucune importance »...

« Le gouvernement n'y sera plus demain ;

et dès lors, Paris ne sera plus la Capitale, mais une ville quelconque... et il y a loin de la Seine aux Pyrénées !.... »

Merci à ce camarade de m'avoir si bien parlé, alors que j'avais tellement le besoin impérieux d'une secousse qui me remît d'aplomb ; merci à ce « marin » de m'avoir, d'un coup juste, planté dans le cœur toute sa mâle énergie

A vrai dire, je trouvai la ville de Bordeaux assez nerveuse, à cause, sans doute, du grand rôle qu'elle allait à nouveau jouer dans l'Histoire ; je jugeai aussi qu'on y faisait peut-être bien un peu trop la « guerre en dentelles », impressions d'un monsieur qui revient de trop loin, sans doute... du « pays des Incas ».

Cependant, la préfecture s'apprête à rece-voir le Président ; les principaux édifices publics vont devenir autant de ministères ; le mien s'établira à l'École de médecine navale.

C'est donc là que je vais « aux ordres », dès le 5 septembre au matin, et où j'ai la grande satisfaction de me voir désigner pour Paris.

Diverses formalités retardent toutefois mon départ, et c'est seulement le lendemain soir que je peux enfin me mettre en route.

Vingt heures après, je débarquais à la gare d'Orsay, ayant croisé, à l'allure lente du train militaire, le défilé lamentable des gens pourchassés de chez eux, sur les routes parallèles à la voie, exode des sans-foyer devant la ruée des Barbares.

*
* *

A Paris, je fus instruit tout de suite du rôle que j'allais être appelé à jouer au cours de cette guerre, et sa nouveauté inattendue m'enchanta.

La bataille de la Marne était engagée ; déjà la ligne ennemie ployait ; on entrevoyait la fructueuse poursuite ; des groupes d'automobiles blindées, armées de canons de 37 millimètres à tir rapide de la Marine et de mitrailleuses, étaient en formation, et l'on me confiait le commandement du premier à partir.

J'entrevis sans peine leur profitable utilisation et je crois bien que tout autre emploi eut été moins propre à susciter dans mon imagination des images de beaux combats, de belles randonnées. Enfin ! J'allais donc pouvoir cogner à mon tour, entrer dans la formidable mêlée — et mon ardeur y serait d'autant plus grande qu'un mois perdu à traverser l'Océan grandissait mon naturel désir de frapper très fort, dès que je le pourrais....

A vrai dire, l'idée de la nouvelle arme venait tout juste d'éclore et tout était à faire.

Dès lors, commença pour moi une existence de fiévreuse activité dans les usines, les chantiers où se réalisaient sans repos les plans conçus, sous la direction du général gouverneur militaire de Paris, par deux officiers de son état-major, le lieutenant de vaisseau H... et le lieutenant L. D....

En même temps, mon détachement se formait ; des marins choisis m'arrivaient et tout de suite se mettaient à l'ouvrage, sans que j'eusse seulement à leur expliquer le « pourquoi » ni le « comment » des services si imprévus qu'on attendait d'eux.

Il faut avouer que le premier auto-canon qui se bâtit ainsi n'avait rien qui pût attirer l'approbation spontanée du commun des mortels.

C'était, sur un châssis de tourisme, un baquet de bois aux parois basses, à peine doublé dans ses parties les plus vulnérables par une mince plaque d'acier, avec, au milieu du fond, le canon, dont le pivot s'emmanchait dans un fort billot. Pour protéger les deux servants, un petit masque étroit ; quant aux conducteurs, ils devaient se contenter d'un coupe-vent métallique, tout juste bon à arrêter... le vent, en effet, et aussi la pluie.

Et pourtant, qu'on ne s'y méprenne pas :

il est des circonstances où la rapidité dans la construction d'un engin de guerre vaut mieux que sa perfection relative. Et puis, ne l'oublions point, l'ennemi n'était pas si loin que l'on pût s'attarder à parfaire, à retoucher sans cesse un matériel que nos armées réclamaient avec une continuelle insistance.

L'essentiel était donc de lancer au plus vite nos machines imparfaites sur les routes et non point de s'attarder au soin du confortable ou de la sécurité, dont nous n'avions cure, d'ailleurs, peut-être à cause de notre ignorance, mais certainement à cause de notre ardente volonté de nous rendre utiles dans le moindre délai.

L'expérience m'a bien prouvé, par la suite, que nous étions dans le vrai... et puis enfin, notre auto-canon nous plaisait comme cela ; déjà, nous l' « aimions » ; et n'était-ce donc point assez?

Le « groupe » devait seulement comprendre, au début, trois voitures armées et une de ravitaillement ; mais on décida vite que ceci deviendrait une « section » et que le « groupe » se composerait de deux sections pareilles.

Je demandai donc qu'il me fût adjoint sans retard un « lieutenant », et le 15 septembre, l'enseigne de vaisseau R..., appelé du front de mer où il servait depuis la mobilisation, me rejoignait à Vincennes, où les voitures venaient, aussitôt achevées, et où mon personnel s'exerçait activement à son rôle prochain.

Dès le 26, le général C... en passait l'inspection, à la veille de la sortie et du tir d'ensemble qui devaient s'exécuter au camp de Satory et donneraient à nos essais la consécration officielle définitive.

Ce jour-là, je vis mon groupe s'augmenter de deux autos-mitrailleuses équipées en hâte.

Donc, le 27 septembre 1914, au matin, nous nous mettions en route vers le camp.

Tout fier, dans la voiture de tête, de guider pour la première fois ce long convoi flambant neuf, dont les moteurs ronflaient à souhait, c'est pourtant à peine si j'eus le loisir d'ébaucher les rêves si naturels que m'inspirait ce défilé de redoutable aspect.

En effet, nous n'avions pas fait 500 mètres qu'un officier d'état-major me remettait l'ordre de me « diriger immédiatement sur D... », dans la Somme.

Ce n'est donc plus la promenade à Versailles, mais bien le départ définitif, le vrai.

Mes hommes ont compris qu'à compter de cet instant, leur existence va se transformer et revêtir une belle gravité dont leurs traits s'imprègnent aussitôt. Sur leurs visages devenus sévères, je découvre sans peine la froide décision de leur volonté soudainement tendue.

Midi. Nous sommes en route à belle allure vers Saint-Denis, où une courte halte nous est imposée par le déjeuner ; elle nous vaut les souhaits enthousiastes d'une foule complètement ébaubie de ces engins nouveaux, plus ébaubie encore de les voir armés par des matelots.

A Pierrefitte, nous prenons contact pour la première fois avec la brigade de fusiliers-marins. Ah ! que les routes de France sont donc belles ! Nous allons vite ; à peine consacrons-nous quelques minutes à « souffler » de temps en temps pour graisser un rouage, serrer un écrou ; je tiens, en effet, à atteindre Creil avant la nuit, car je sais que le pont y a été détruit, qu'il faudra traverser l'Oise sur un pont de bateaux... et nos voitures sont lourdes [1]....

Nous y sommes à 6 heures du soir ; une à une, les autos passent sans encombre la rivière ; puis, sur la place voisine, se rangent pour la nuit, tandis que nous faisons l'apprentissage du billet de logement.

28 septembre 1914. — La petite place, ce matin, s'est emplie de monde dès l'aube ; une parade militaire s'y prépare.

----

1. Un peu plus de 3 tonnes.

Je me renseigne : un traître va expier là, dans un instant, son abominable complaisance à renseigner l'ennemi.

Rrran ! C'est fait ! Nous partons. Il est 7 heures. Quelques maisons démolies, incendiées, nous rappellent le récent passage des Allemands par là....

A la nuit tombante, D.... Dès l'arrivée, je reçois du général B... mes instructions pour le lendemain.

Je m'en voudrais de ne pas transcrire ici leur conclusion :

« En somme, rappelez-vous sans cesse que faire son devoir une fois, ce n'est rien ; le faire constamment, ce n'est point encore assez ; il faut faire « plus que son devoir, toujours ! »

29 septembre 1914. — Avant de me remettre en route, je relis ces instructions ; elles me recommandent une grande prudence, de D... à A..., où nous conduira cette dernière étape vers le front.

Le chemin est en effet peu sûr ; la veille, des uhlans y ont été vus en maints endroits. Je ne m'y aventurerai donc point sans avoir fait explorer au préalable les devants. Cette exploration est effectuée par R... avec une auto-mitrailleuse. Il devance le convoi marchant à petite allure, avec la consigne de revenir en arrière en cas d'alerte.

Les meules de paille voisines de la route, plus nombreuses aux abords des villages presque déserts, sont l'objet de notre surveillance toute spéciale.

Le doigt sur la détente, l'œil aux aguets, mes hommes scrutent les haies, les boqueteaux, et surtout ces champs de hautes betteraves, qui abriteraient si bien quelque embuscade.

Nous savons que la protection de nos voitures n'est qu'illusoire, et il ne faudrait point échouer piteusement dès le début.

A P..., à L..., à B...-les-L..., de rares habitants apeurés s'enfuient à notre approche et se barricadent derrière leurs portes et leurs volets.

Si l'un d'eux, moins alerte, est contraint de répondre à nos·questions, il déclare « ne rien savoir »....

« L'ennemi? Oui... peut-être bien qu'il l'a vu... et puis peut-être bien que non !

— Les uhlans à L...? Une centaine hier soir?.... Non !... Monsieur l'officier... c'est 800 qu'ils étaient... avant-hier matin.... Il y en a pourtant encore, tout près. »

Et un autre :

« A L..., des uhlans? Il n'y en a jamais eu, bien sûr ! Pas un, que je vous dis... pas un seul !.... »

Quoi qu'il en soit, sans le moindre incident, nous arrivons à 9 heures à A... et y recevons l'ordre de nous mettre à la disposition du lieutenant-colonel S. du J..., commandant dix escadrons de spahis auxiliaires algériens et cantonné non loin, à Saint-L.-B...

Dès l'après-midi, le général C... nous

confiait la misson d'explorer, dans un rayon de 15 kilomètres, tout le secteur à l'ouest d'A... et, à la tombée de la nuit, le groupe rejoignait son cantonnement.

II

PREMIÈRES RENCONTRES AVEC L'ENNEMI

30 septembre 1914. — Le fusilier M..., mon ordonnance, me réveille :

« Commandant ! Il est 4 h. 30 ! »

J'entends qu'on frappe aussi à la porte voisine, qui est celle de R....

Il fait un temps délicieux, ce matin, une de ces matinées très limpides des commencements d'automne.

Personne n'est encore debout, dans l'hôtel où nous logeons. Hier soir, après l'installation de nos hommes et de notre matériel dans

une usine, à Saint-L.-B..., il n'est plus resté
de place pour nous et nous avons dû, contre
notre gré, aller chercher un gîte à A....

Autour de leurs feux pétillants, les marins,
par petits groupes, sont occupés à boire le
bon « jus » quand nous les rejoignons ; nous
faisons comme eux, puis on plie bagage ; les
moteurs sont quelque peu engourdis par la
température « frisquette » de la nuit ; mais
tout de même les voici qui ronflent. En route !
Cette fois, nous rencontrerons très vraisemblablement l'ennemi.

A 6 kilomètres environ à l'est de D..., il a
rançonné hier le village de L... Le général P...
l'en a chassé ; mais aujourd'hui, il reviendra
probablement en plus grand nombre, et nous
sommes chargés de reconnaître, vers A... et
au Nord, les forces dont il dispose, en même
temps que nous devons entraver sa marche
de notre mieux ; car L... et ses abords sont
comme un bastion avancé de la défense
de D...

Le village est à cheval sur la route, sur une crête d'où la vue s'étend au loin. Le général P... y a établi son poste de commandement et il est 8 heures environ quand nous le rejoignons. Il définit tout de suite notre action pour la journée : « Explorer en combattant le quadrilatère L...-A...-B.-lez-M... et M... »

Une section de 75 est en position tout près ; nous recueillons, auprès de l'officier qui la commande, des renseignements sur le terrain et sur ce que l'on peut savoir de l'ennemi.

En bordure de la route, un peu en deçà d'A..., il nous indique une maison qu'occupent les Allemands ; je désigne cet objectif à R..., qui emploiera contre lui sa section, tandis qu'avec la mienne je gagnerai B.-lez-M..., par L..., M... et E...

Un escadron de goumiers nous est adjoint, pour nous éclairer et nous protéger contre les surprises, dans une région coupée de boqueteaux, de haies ; où les chemins se ramifient ; où de nombreux groupes de maisons sont autant de nids à embuscade.

Les cavaliers s'égaillent en fourrageurs vers l'Est, et c'est derrière ce mince rideau que, prudemment, et aussi silencieusement que possible, je fais avancer les voitures.

Soudain, j'entends, sur la droite, le bruit bien connu du canon de 37 : c'est R... qui, s'étant suffisamment avancé, canonne la maison qu'on lui a signalée.

Cependant, après avoir traversé les villages de L... et M..., je me suis porté sans incident jusqu'aux abords d'E...

Sur la droite du chemin, une ondulation de terrain restreint par trop la vue ; il faut savoir ce qu'il y a au delà, avant d'aller plus loin, et je charge le second-maître D... de patrouiller dans cette direction, avec trois hommes.

Les voici en marche vers la petite éminence... Je les observe, prêt à les soutenir, le cas échéant. Tout à coup, en arrivant à la crête et sur un geste de D..., ils se sont couchés dans l'herbe courte et ont ouvert le feu sur un objectif que je ne vois pas. Cela dure deux minutes environ, puis la patrouille rallie et alors son chef me rend compte :

« Dès que nous avons pu voir la pente, de l'autre côté, on s'est trouvés presque nez à nez avec un groupe de uhlans....

— Combien?

— J'en ai compté treize. Nous en avons tué quatre, et le reste a tourné bride et s'est enfui au triple galop.

— C'est bien ! Mais vous eussiez mieux fait en vous repliant sur nous sans tirer... car alors les treize n'y auraient pas coupé.

« Maintenant nous sommes éventés, et gare la suite ! »

D... ne semble pas apprécier mes raisons ; pour lui, ils ont tué quatre Boches, et c'est là l'essentiel.

Évidemment, il va falloir redoubler d'attention. Ce village d'E..., trop silencieux, renfrogné, m'a l'air d'un visage mauvais, à bouche et yeux clos, sans expression, et qui garde son secret.

Un peloton de goumiers est là, à côté de nous, disponible.

Je lui ordonne de reconnaître ce village, mais non point à la manière ordinaire ; au lieu de détacher des vedettes, de petits lots de cavaliers circonspects, je veux, au contraire, que le peloton tout entier fourrage dans ce bloc de maisons, avec grand vacarme, et les voilà partis en fantasia, avec des envols de burnous et des cris rauques bien propres, ma foi, à terrifier l'adversaire.

Ils disparaissent dans le village ; j'entends le bruit de la galopade, mais pas un coup de fusil.

Donc, tout va bien ! E... ne recèle évidemment rien de suspect.

Et pourtant?

Voici qu'en effet le peloton revient ; il rallie posément, groupé autour de quelque chose que je discerne mal. Ce « quelque chose », ce sont deux uhlans blessés, que la mort raidit déjà sur leurs propres chevaux.

J'envoie ces prisonniers au général.

Il y avait bien des cavaliers allemands, disséminés dans ce village ; mais la trombe arabe les en a pourchassés... sauf ces deux, que les goumiers ont lardés de coups de sabre, ce qui est plus discret que les coups de fusil.

Sans doute les autres, en se repliant, ont-ils averti ceux de B.-lez-M..., car lorsque nous y entrons, aucune surprise ne nous y inquiète ; on nous prend probablement pour l'avant-garde d'une force imposante de cavalerie, ce qui explique ce vide qui se fait ainsi devant nous.

Nous avons atteint l'angle le plus éloigné du quadrilatère à explorer. Sur la grand'-route, R... aura certainement poussé jusqu'aux abords d'A... ; il ne me reste donc plus qu'à retourner à L... en passant par M... Là encore, nous ne pénétrerons dans le village qu'après en avoir fouillé les lisières.

Le chemin, en cet endroit, court sur le dos d'un vallonnement découvert, et il me tarde d'avancer ; je sais, en effet, que plus loin nous serons mieux à l'abri des vues d'un ennemi que nous n'apercevons pas, mais que cependant l'on « sent » partout.

Clac ! clac !

Les balles ricochent à nos pieds ; elles viennent de la gauche.

Clac ! clac ! Heureusement, ils tirent trop bas.

En observant à la jumelle, mon attention se fixe sur une maison isolée, de paisible aspect, en bordure de la route de L... à A...

Il me semble que la fusillade vient de là et aussitôt je commande : « A 1 000 mètres, sur la maison, feu ! »

Le deuxième coup de nos bons petits canons atteint le toit de chaume et dès lors la salve dense crible l'objectif.

La fusillade a cessé et par les issues de la maison qui flambe, un bon lot d'Allemands visiblement affolés se précipitent ; ceux qui ne tombent pas disparaissent dans le fossé.

Dès lors, nous pouvons traverser M... sans être inquiétés et rentrer à L....

J'ai la grande satisfaction d'y apprendre le rôle important joué par R... au cours de cette première journée — et c'est seulement à l'arrivée au cantonnement, bien après l'heure normale du dîner, que nous découvrîmes que nous n'avions pas déjeuné.

III

PEU S'EN FALLUT...

1ᵉʳ octobre 1914. — Sur le ciel admirablement pur de cette douce matinée, l'éclatement des obus éparpille de petits flocons blancs. L'air est très transparent et la vue s'étend au loin sur les plaines au sud de D..., par où les Allemands s'avancent.

Ils sont déjà à G.-sous-B..., à G..., à F..., dont les clochers sont autant d'observatoires que certainement ils utilisent.

Le général P... nous a ordonné de prendre position au R... et de contribuer de notre mieux à une action qui, aujourd'hui, sera probablement très chaude.

De bon matin, le groupe y est donc rassemblé tout entier, dans l'attente, aussi soigneusement dissimulé que possible. Tout d'abord, je veux « voir », chercher à comprendre bien la situation.

Grâce à leur grande mobilité, les formations comme celle que je commande se trouvent en effet sans cesse en présence de conditions nouvelles ; il n'y a guère, pour elles, de continuité dans les opérations, ce qui oblige, chaque fois, à une mise au point préalable.

Non loin, dans le grenier d'une maison suffisamment haute, un officier d'artillerie est déjà en observation. Je le rejoins et le prie de m'initier à ce qu'il peut savoir :

« C'est très simple, me dit-il, je tire sur les villages que vous voyez et que l'ennemi occupe ; nos troupes tiennent devant F... ; maintenant, scrutez donc à la jumelle cette double ligne de peupliers, qui marque les berges du canal de la S... ; ne nous semble-t-il pas que des fantassins se faufilent par là, remontant vers Cor? En effet, je les vois parfaitement, et cela m'inquiète, car si les Allemands parviennent à s'infiltrer dans le dédale des rues, chemins ou sentiers qui constitue l'agglomération Cor-Cour, la situation pourra devenir critique, puisque les forces du général P... sont très inférieures en nombre à celles de l'adversaire et qu'en outre sa mission est seulement de retarder la marche de ce dernier, pour permettre l'arrivée et le rassemblement de certains renforts annoncés.

Quoi qu'il en soit, il est nécessaire que je me rende mieux compte de ce qui se passe, et laissant le groupe au R... sous le commandement de mon lieutenant, je pars en automobile vers Cor.

Aucun bruit de fusillade ni de canon, et cet excès de silence rend plus sournoise l'heure présente.

Mais voici qu'au moment où j'entre dans Cor une pluie d'obus commence d'y tomber, prélude d'un « arrosage » sérieux.

J'en déduis que l'ennemi n'y a pas encore pénétré, et c'est cela surtout qu'il m'importait de savoir.

Un bataillon se replie sur D..., se conformant à l'ordre qu'il vient de recevoir ; c'est qu'en vérité, la position n'est plus tenable : Cor flambe !

Tout à l'heure, les Allemands occuperont sans doute ses restes fumants : il faut que je rejoigne R...

Clac ! Cela vient du côté de l'écluse... Ils sont déjà bien près.

*
* *

Que s'est-il donc passé pendant mon absence?

Au R... plus personne... et ma situation me paraît soudain parfaitement ridicule.

Il importe donc qu'elle se précise au plus vite, et me voici reparti, en quête, dans la direction de Cour.

Au moment où j'entre dans le village, une pauvre vieille apeurée, seule âme qui vive par là, dirait-on, au bruit du moteur a entr'ouvert prudemment ses volets :

« N'allez pas plus loin, mon bon monsieur ! Ils viennent et vous allez vous faire prendre !

— N'auriez-vous pas vu des automobiles avec des marins, par ici?

— Non, monsieur l'officier, pas une, bien sûr ! Allez-vous-en vite !.... Ah ! malheur de malheur ! »

Non point pour me conformer à l'injonction de la bonne dame, mais enfin pour savoir ce qu'a pu devenir R..., je m'écarte de sa maison, puis je repars, pour L..., cette fois-ci. Bing ! Une balle au coin d'un mur. Mais à L... il n'y a même plus âme qui vive, derrière les volets clos ! Rien !... On sent la présence de l'ennemi partout... Je prends le parti de rentrer à D.... Sans doute le général saura-t-il, lui, quelque chose.

La situation a empiré pendant ma randonnée ; D... se barricade, tandis que les troupes de la défense avancée s'y replient en bon ordre.

« Vos voitures? me dit le général P..., elles sont à l'aérodrome de la B.... On vous expliquera pourquoi. Hâtez-vous de les rejoindre... si vous pouvez... et agissez contre les forces allemandes qui gagnent du terrain par la voie du chemin de fer et la route d'A.... »

Le chemin le plus court n'est certes pas de passer par la porte de C..., de retourner au R..., puis de couper sur l'aérodrome, par L..., que je viens de quitter ; mais ce sera le meilleur moyen de voir ce qu'il advient, sur la voie du chemin de fer et sur la route d'A..., que cet itinéraire me fera traverser.

C'est pourquoi je le choisis ; mais un insurmontable obstacle m'arrête dès le départ : une barricade, en travers de la porte de C..., précisément ; on la consolide tandis que l'ennemi attaque. Au delà, une automobile portant des munitions commence à flamber ; mon conducteur, aidé de quelques soldats, va l'éteindre. Par la porte d'A... la consigne est de ne plus laisser passer personne, puisque les Allemands sont là, tout près....

Vais-je donc rester bloqué dans cette ville que je me prends à maudire, et finir, qui sait, misérablement, loin de mes « armes »?

Déjà les obus tombent dru sur les faubourgs.

Je file à toute vitesse vers la route d'Es...

Chance ! Le chemin est encore libre de barricades.

Il y a bien des Boches qui veulent entrer ; mais moi je veux sortir... et nous sortons !

Par là, bien que le détour soit assez long, j'arriverai à l'aérodrome, quand bien même le diable se mettrait de la partie.

M'y voilà !... et je ne sais lequel, de R... ou de moi, est le plus satisfait.

Il m'explique ce qui est advenu : « Vous aviez à peine quitté le R..., ce matin, commandant, qu'un avion ennemi survolait le groupe. Nous ne croyions certes pas être l'objet de ses investigations : c'eût été nous donner trop d'importance ; nous nous imaginions plutôt qu'il cherchait à repérer notre artillerie.

« Toujours est-il qu'il lâcha une espèce de fusée au-dessus de nos têtes, et quelques instants après les shrapnells pleuvaient autour de nous. Je jugeai bon de nous éloigner de là, et, me doutant bien de ce qui se passait aux environs, je résolus d'aller vous attendre ici, après en avoir avisé le général.

« Malheureusement, une de nos autos-mitrailleuses se refuse à marcher. »

En effet, elle est bien mal en point : il y a quelque chose de détraqué dans sa « boîte de vitesses ». Que faire de cette voiture impotente, alors qu'il faut se remettre en marche sans tarder pour « agir contre les forces allemandes qui gagnent du terrain »?

Après tout, si D... se barricade, cela ne signifie point que le danger soit sans recours pour la ville même ; la réparation indispensable ne sera pas de longue durée, d'ailleurs ; je sais que nous trouverons là, et seulement là, les moyens de l'effectuer rapidement ; et puis... il n'y a pas d'autre solution. J'ordonne donc l'envoi à D... de la voiture avariée ; elle y entre sans difficulté, à la remorque de sa semblable ; puis le reste du groupe file à bonne allure vers Q...-la-M....

Il est tard, déjà, et si nous devons combattre, il faudra profiter des derniers instants de clarté suffisante.

En me rendant à la B..., je n'ai point aperçu l'ennemi, soit en coupant la ligne du chemin de fer, soit en traversant la route d'A... et pourtant les Allemands « sont là » ; le général me l'a dit, et en outre, il règne tout autour de nous ce silence, ce « vide » si particuliers, qui inquiètent les nerfs....

Par un chemin à travers champs, nous avançons vers le sud de Q..., jusqu'à la crête d'un petit mamelon d'où l'on domine B... A vrai dire, nous nous y trouvons complètement à découvert, et ceux qui sont en bas pourraient très nettement voir les silhouettes de nos voitures se détacher sur le ciel embrasé du couchant. Par bonheur, il y a là trois meules de paille ; les autos en batterie sont en hâte recouvertes de gerbes, au travers desquelles passe seule la bouche des canons.

A peine sont-elles ainsi dissimulées, qu'un matelot en vigie au sommet d'une meule attire mon attention et m'indique la direction de B...

Je fouille les abords du village à la jumelle ; R... en fait autant.

Point d'erreur possible : des fantassins gris, à la queue leu leu, se glissent, en courbant l'échine, au passage à niveau.

Aussitôt, nos pièces ouvrent le feu sur eux ; la distance est bonne ; une pluie de mitraille tombe au point voulu. L'ennemi ne passera pas là tant que nous serons ici !

Ah ! Si nous pouvions compter encore sur quelques heures de jour !

Mais il fait presque nuit... Il faut bien sortir de nos gerbes de paille et rejoindre notre cantonnement. Au moment où nos cachettes s'effondrent, quelques obus éclatent auprès d'elles....

« Trop tard, messieurs !... et « à la revoyure », comme on dit en bon pays poitevin ! »

2 octobre 1914. — Nous avons cantonné cette nuit à L... Les Allemands sont entrés dans D.... Le général P... n'a pu sortir de la ville qu'en se faisant jour à travers les troupes ennemies.

Que sont devenues nos deux autos-mitrailleuses?

Les reverrai-je jamais?

3 octobre 1914. — A H.-L..., dans la matinée, nous retrouvons le général, et j'ai la grande joie de voir rallier les hommes surpris dans D..., sauf deux.

Ils ont eu le temps de mettre hors d'usage mitrailleuses et moteurs, puis se sont dégagés en faisant le coup de feu dans les rues, en traversant ensuite les troupes d'investissement...

Il y a « deux disparus » dans notre petite famille ; mais je ne veux point me laisser émouvoir par ces premières pertes.

Les deux autos-mitrailleuses du régiment de spahis auxiliaires algériens, auquel nous continuons d'être affectés, s'uniront désormais au 1er groupe d'autos-canons, et voilà tout !

Certes, ces voitures non blindées, avec leur simple carrosserie de tourisme, ne valent point celles que nous avons perdues, si imparfaites qu'elles fussent. N'empêche que leurs brillants exploits depuis le début de la campagne, sous les ordres du capitaine L...,. sont une garantie de la précieuse collaboration que nous pouvons en attendre.

IV

TRAQUÉS !

Sur le plateau de Bois-B..., nous attendons depuis ce matin que s'offre l'occasion de nous employer.

Dans deux heures il fera nuit, et nous devrons songer bientôt à gagner notre cantonnement.

Ma foi ! Ayant pris goût à la bataille, nous maugréons passablement contre le sort qui, aujourd'hui, ne nous a pas permis de tirer un seul coup de canon.

Le capitaine L... est sans doute plus favorisé, car depuis quelque temps déjà, on entend, du côté de D..., de fréquentes rafales de mitrailleuse, et nous savons qu'il est par là.

L'ennui de notre inaction s'aggrave, à vrai dire, du spectacle qui se déploie devant nous. Tout près, dans un repli de terrain, une division entière de cavalerie est massée, prête à agir, et sur la crête qui la dérobe aux vues de l'ennemi, les obus tombent avec un fracas étourdissant. Que le tir s'allonge d'une centaine de mètres, et ce sera le massacre de ces cavaliers dont le sang-froid fait notre admiration.

Quelque part aux environs, notre artillerie a dû souffrir beaucoup. Voici qu'en effet passe devant nous, venant du côté d'I.-lez-E..., une lamentable file d'artilleurs blessés que convoient les brancardiers ; même, on transporte pas mal de morts, des cadavres tout noirs, grillés...

***

Une des autos du capitaine L... vient à toute vitesse vers nous.

Quelle nouvelle peut-elle bien apporter? Notre camarade nous demande simplement de le rejoindre à D... sans retard, si nous ne sommes pas occupés ailleurs. L'infanterie ennemie débouche en effet de B... et marche en force sur la position qu'il occupe : quelques coups de canon « dans le tas » seraient on ne peut plus souhaitables.

Vite ! Un tour de manivelle, et en route !

Quand nous arrivons à D..., nous y trouvons le capitaine L... perché avec une de ses voitures sur le monticule de la gare et offrant ainsi une belle cible aux tirailleurs allemands qui progressent dans la plaine. Les balles ronflent autour de lui, sans qu'il s'en soucie.

Il n'y a pas de place malheureusement pour nous là-haut.

D'autre part, le village est en contre-bas, et, dans ce creux de la route, nous ne voyons rien. Un escadron de dragons combat à pied, gardant les issues ; à plat ventre derrière de maigres haies, ils tirent posément.

Cependant, l'auto-mitrailleuse de L... cesse le feu, descend rapidement la pente et nous rejoint. La position est devenue intenable pour elle, car, très haute sur pattes, elle n'est pourvue d'aucune protection. Bien qu'elle ait littéralement fauché des sections entières de fantassins, d'autres n'en avancent pas moins.

Force nous sera donc d'attendre que l'ennemi paraisse au sommet du remblai du chemin de fer pour l'attaquer, puisque nous sommes dans une cuvette d'où l'on n'a pas la moindre vue...

Au rebord de la crête toute proche, des dragons collés à terre surveillent la marche

des Allemands, qui, enhardis par le silence
de la mitrailleuse qui leur faisait tant de mal,
progressent rapidement et de tous les côtés
à la fois.

On en signale déjà à 400 mètres, qui se faufilent à l'abri du talus de la voie ferrée, devant
nous. D'autres viennent par la route d'H.-L...
et nous débordent par l'Ouest; et comme
pour compliquer une situation déjà passablement critique, des coups de feu se font
entendre aussi, franchement à l'Est, si bien
que nous nous sentons traqués, nettement
menacés d'un encerclement qui, nous contrai-
gnant à rester dans notre trou, pourrait être
fatal.

J'enrage de ne pas pouvoir faire ouvrir
le feu ! Mais, sur quoi tirer? puisque c'est à
peine si, de temps à autre, nous parvenons à
découvrir l'échine ronde de quelque tirailleur
gris, courant d'abri en abri, le dos courbé !
Nous trouvons qu'ils ressemblent à de gros
poux !

Mais tout de même notre indécision ne sera plus de longue durée ; car « filtrant » un à un, les fantassins ennemis ont réussi à se grouper en nombre important derrière un parapet de maçonnerie, d'où ils dirigent sur nous un feu nourri.

Clac ! clac ! clac ! les balles déchiquettent le mur de briques contre lequel nos voitures sont rangées.

Zing ! Zing ! Elles ricochent sur les faibles carapaces qui protègent la tête des conducteurs et sur les masques des pièces.

Il n'y a pas une seconde à perdre, et je commande :

« A 300 mètres ! Sur le parapet, feu ! »

Aussitôt, les coups tombent dru au point indiqué.

L'escadron de dragons en profite pour se remettre en selle et se replier.

Malheureusement, ce parapet est désespérément épais et solide !

Nous tapons dedans sans y occasionner

grand dommage, et si l'ennemi a ralenti son tir, il n'en continue pas moins une fusillade à très courte distance et qui devient très dangereuse, d'autant plus que maintenant nous sommes seuls et que des détonations de plus eu plus rapprochées nous indiquent clairement que l'encerclement se resserre...

Bref, il est temps de plier bagage, grandement temps... J'ordonne de mettre les moteurs en marche ; celui de la voiture de tête, dans l'étroit couloir que nous devrons obligatoirement suivre pour avoir quelque chance de nous en tirer, refuse de fonctionner !

Diable ! S'apercevant de notre embarras, l'ennemi nous harcèle avec plus d'acharnement, convoitant une si belle proie !

Par bonheur, il tire trop haut, sans songer à corriger son feu.

Nous répondons tant bien que mal, à coups de fusil....

Enfin ! Le moteur récalcitrant se décide à ronfler, et nous pouvons partir.

Le démarrage est brusque ! L'homme qui tournait la manivelle de mon auto, surpris, n'a pas le temps de reprendre sa place sur le siège ; il saute sur le capot et c'est ainsi que nous l'enlevons, jusqu'à ce que, nous étant suffisamment avancés sur notre chemin de repli heureusement libre, le groupe puisse stopper en toute sécurité.

L'engagement a été chaud ; mes hommes ont été superbes ; nous nous en tirons sans la moindre blessure ; aucune voiture ne souffre dans ses organes essentiels. Comme je suis fier de sentir tous mes braves matelots vibrer encore d'enthousiasme et de noble émotion !

Il fera bon au cantonnement de G..., sur la route d'A... à D..., vers lequel nous nous dirigeons à bonne allure.

La nuit froide est très noire, et des incendies, en divers points, marquent le champ de bataille.

Avec l'aide de ma lampe de poche, je suis notre itinéraire sur la carte.

Mais quoi? Cette grande lueur... là-bas? Il faut bien se convaincre : c'est G... qui flambe ! Et si G... brûle, c'est donc que l'ennemi a gagné considérablement de terrain vers A...? S'il en est ainsi, où aller?

Avant tout, notre direction primitive, même en évitant G..., me semble peu sûre, et je me décide à gagner, par B..., les faubourgs nord d'A....

Dans le quartier Saint-N..., les aimables propriétaires d'une très accueillante maison nous reçoivent fort bien, en dépit de l'heure avancée et de l'inquiétude générale. Sans trop abîmer la pelouse, nos voitures se rangent, « face à la sortie »... On vient de m'apprendre, en effet, que les troupes cantonnées par là et, en particulier notre goum, avaient reçu l'ordre de se porter ailleurs.. Et je dormis « en alerte »..., malgré la journée harassante ; R... subit le même sort, et vers

le mystère inquiétant du grand parc trop
feuillu et trop sombre à notre gré, nos sentinelles tendirent le réseau serré de leur
active surveillance.

V

AUTOUR DE POMMES DE TERRE FRITES

6 octobre 1914. — A 9 heures, nous sommes à N.-les-M..., où le général commandant le ..ᵉ corps de cavalerie nous a envoyés, en prévision de la chaude action qui va s'engager aux alentours d'A. N....

Cette région regorge encore de monde, et lorsque nous traversons les corons populeux, une marmaille innombrable, d'un blond déteint, barbouillée de charbon, crie à tue-tête, gambadant autour des mères tout amusées aussi.

Amusées ! C'est qu'apparemment nos voitures bizarres les étonnent ; elles se divertissent du pompon rouge des matelots !

Amusées ! Et pourtant, les Allemands s'insinuent partout ; déjà, ils tiennent les fosses, à l'Est ; ils avancent, profitant de la multitude des maisons éparses et dont chacune favorise leurs embuscades.

Après avoir recueilli, à N.-les-M..., les renseignements nécessaires, nous nous remettons en marche sans perdre de temps, car vers le Sud le canon tonne ; les obus tombent dru dans la « trouée d'A... », là où la route de B... passe au pied de N.-D.-de-L... et suit le bois de B... C'est cette même route que nous prenons, en quête d'une position rapprochée favorable. Une reconnaissance me détermine à la choisir dans B.-G....

Je sais que nos troupes, face à l'Est, tiendront tête à l'ennemi qui progresse par le Nord de L... et d'A... et nous aurons des chances, nous autres, de le prendre de flanc.

Toutefois, ces corons alignés, ces bourgs jointifs et très étendus ne me disent rien qui vaille.

Corons d'A..., de B.-G..., G... tout cela se touche, formant une agglomération inquiétante, dont les lisières ne nous appartiennent point... et puis, par ici, le « vide » s'est tout de même fait, presque complet.

Au pont du chemin de fer, une barricade bouche le passage ; des cavaliers la gardent et déjà leurs vedettes signalent l'ennemi au delà, dans G... même.

Vers l'Est, un vallonnement restreint le champ de la vue, qui ne s'étend librement que vers le Sud. Tant que la barricade tiendra, nous ne serons point en mauvaise posture.

Pour l'instant, la canonnade seule prouve qu'on se bat non loin de nous.

Quoi qu'il en soit, il convient d'utiliser sagement cette impossibilité momentanée d'agir, car, en des circonstances pareilles, la minute qui vient peut différer tellement de

celle qui passe ! Aussi, songeons-nous... à
déjeuner.

Précisément, près du pont du chemin de fer,
une maison d'aspect accueillant est encore
habitée ; nous nous y présentons pour y cuire
notre maigre pitance, et voici qu'une maman
au clair regard engageant, accompagnée de
ses deux grandes filles gaies, alertes... et
jolies, nous fait aussitôt entrer dans une cuisine propre comme un salon, où grésillent
sur un beau fourneau reluisant, des pommes
de terre frites alléchantes.

Aubaine ! Il est entendu que nous en aurons
notre part, et même, certain bon « pâté de
famille » sera entamé en notre honneur !

« Il n'y a pas de danger, n'est-ce pas,
messieurs? »

Et nous affirmons que non... sans trop
savoir.

Tout ceci est fort bien ; mais n'empêche
qu'en dépit de nos propres paroles encoura-
geantes, nous ne saurions dire, en toute sin-

cérité, si le reste de ce pâté en terrine, si français... ne fera pas le régal prochain de quelques Teutons.

Donc, il faut veiller. L'officier de cavalerie de garde au pont voisin, le capitaine L..., R... et moi, nous ferons le quart à tour de rôle, au grenier de la maison ou sur la route.

*
* *

Notre camarade cavalier vient précipitamment interrompre notre repas ; c'est vrai ! la guerre ! En familières causeries avec nos aimables hôtes, nous l'avions, ma foi, presque oubliée !

« Mes vedettes avancées se replient, nous dit-il ; l'ennemi en force marche vers la crête et nous débordera bientôt ; je n'ai qu'un peloton réduit avec moi ; je crois donc ma mission terminée.

— Entendu ! seulement, défaites avant de vous en aller, votre barricade, qui pourrait désormais nous être plus nuisible qu'utile ; il ne faut pas qu'elle puisse servir à l'adversaire, et puis, quand elle ne fermera plus le chemin, mes voitures auront le champ libre vers G... »

Adieu pâté ! Adieu frites dorées ! Adieu braves gens !

Plus de vedettes aux aguets ; plus de renseignements ; plus de « sûreté », plus rien — et la crainte d'une surprise me tourmente. Il faut y parer dans la mesure de nos moyens. Laissant donc R... à la garde des voitures, je décide de pousser, avec le capitaine L..., une pointe en auto vers l' « Arbre de Condé »: là, au sommet de la crête, nous pourrons voir l'autre versant. Déjà, quelques coups de feu sont partis d'un groupe de maisons, près de la voie ferrée. Revolver à la main, nous avançons doucement, scrutant les abords : les fossés, les murs, les haies, les portes et les fenêtres.

L'automobile va atteindre le point culminant de la côte, lorsque soudain deux cavaliers casqués, à grands manteaux gris, se dressent devant nous. Grimpant de l'autre côté, ils ne nous avaient point vus non plus. Ils semblent immenses, sur leurs chevaux ainsi perchés sur l'échine du côteau et leurs silhouettes se détachent nettement sur le ciel pâle.

Nos revolvers vont partir... mais d'une volte brutale, ils ont fait demi-tour, et s'enfuient au galop....

C'est égal ! Éventés, nous ne pousserons pas plus avant. Aussi bien, n'est-ce point utile. Il n'y a plus qu'à retourner vite à nos voitures.

R... y fait personnellement bonne garde, tandis que quelques hommes veillent, derrière des buissons ou des clôtures.

Mais voici que tout à coup, des rafales de 75 se déclenchent dans le Sud ; elles sont visiblement destinées à un grand nombre de meules de paille dressées par là dans la plaine.

Nous comprenons immédiatement. En effet, nous voyons d'abord quelques Allemands qui, le dos courbé sous la pluie de fer, se détachent de ces meules, interposées entre eux et nous... et courent pour essayer de disparaître derrière la crête d'où ils sont venus ; mais ils tombent en route, et pourtant le nombre augmente, de ceux qui les imitent.

A notre tour ! Feu ! et les détonations sèches de nos petits canons se mêlent au miaulis du grand frère, faisant vibrer les vitres de l'accueillante maison où, tout à l'heure, dans un calme trompeur, nous avions, qui sait, oublié... ne fût-ce qu'un instant !

Des chevaux parcourent le champ de bataille, affolés ; beaucoup tombent aussi.

Les ennemis, que notre artillerie traque par devant, se découvrent en masse, fuyant, éperdus. Pan ! pan ! pan ! nos canons leur coupent toute retraite et les couchent à terre....

Ce sont des uhlans, qui étaient là... descendus de leurs chevaux... un escadron. Je crois que pas un n'a échappé.

Cependant, cette vive action, engagée vers le Sud, nous a fait obligatoirement négliger la surveillance dans les autres directions. Les Allemands en ont profité pour se glisser dans B.-G... par le Nord, puisque de ce côté une fusillade dense et toute proche commence. Les balles ricochent un peu partout... sans atteindre personne. Le temps presse. Une auto-mitrailleuse du capitaine L... se met en position et « fauche » la haie qui masque les tireurs. J'en profite pour lancer vers eux une patrouille que le matelot D... conduit, mais avec plus d'insouciance et de bravoure, certes, que d'à-propos....

Comme elle marche à découvert, l'ennemi s'acharne contre elle; et les « miens » gambadent comme des polichinelles ; on dirait qu'ils sautent par-dessus les balles ! On va me les tuer tous !... Je les rappelle, et leurs

manières de clowns me font presque rire,
malgré le danger qu'ils courent....

Je leur « lave la tête » mais à quoi bon?
Quel matelot comprendra jamais que la vail-
lance aveugle ne résume point toutes les
qualités militaires?

Ce qui me surpasse, c'est que malgré tout
ils aient pu voir quelque chose. Ils m'affir-
ment que c'est une compagnie de cyclistes,
qui est là, derrière cette haie. En effet, je les
reconnais à mon tour. Le capitaine L... les
mitraille posément ; ils ripostent très mala-
droitement.

Cependant nos canons ne tirent plus,
n'ayant plus rien à tuer ; ces cyclistes sont
trop près pour eux; d'ailleurs, nos obus écor-
cheraient à coup sûr des maisons françaises
dans la bagarre, et c'est inutile.

Donc, sur la route, sans y prendre garde,
nous nous sommes groupés autour de la
mitrailleuse, jugeant les coups, sans penser
pour l'instant à autre chose : ce qui se passe

là, dans ce petit coin, résume pour nous la « guerre ».

Rrran ! une grêle de balles à nos pieds... rrran !... suivie d'une autre... mais il n'y a plus personne, heureusement. Une troisième salve, nous surprenant là, nous aurait tous fauchés à notre tour.... Ouste ! Il est temps ! Les gredins ! Ils ont porté une mitrailleuse quelque part... tout près.

En un clin d'œil, nos voitures sont en route, avec tout leur monde sain et sauf.

Il s'en est fallu de.... Mais ne pensons pas à cela !

*
 * *

Le soir de cette journée, deux matelots causaient avant de s'endormir dans leur paille :

« Dis donc? C'est pas Dieu possible ! Y a une mascotte au groupe !

— J'sais pas ! Mais v'là pas huit jours qu'on est au front et c'est la troisième fois qu'on passe par un p'tit chemin... Bon d'là ! Si ça continue, faudra d'la veine pour tirer tous ses os de c't'histoire !

— Y a une mascotte, què j'te dis ! Quéqu' chose... une belle dame qui veille sur nous... tu sais... avec une robe blanche et des fleurs dans les bras... des lis, des lilas et pis des roses....

— T'es maboul', tiens ! Roupille donc, au lieu d'dire des âneries.

« Et puis, j'm'en f... après tout ! J'l'y d'mande seulement que d'persister, à ta belle dame.

« Bonsoir, vieux ! »

VI

NUIT DE CHATEAU

9 octobre 1914. — Nous avons passé la nuit au château de B..., après avoir vainement tenté d'agir contre le village de R...

Quel confortable séjour, et comme j'y ai mal dormi ! Nous savions que nous cantonnions à courte distance derrière un « trou » de notre ligne, et c'est en épiant les moindres bruits que sur mon grand lit moelleux j'ai compté tant de lentes heures.

Vers 2 heures du matin, le colonel du J..., mon voisin de chambre, vint me trouver, bien court-vêtu, à dire vrai :

« Avez-vous entendu?

— Oui, mon colonel ! de nombreux coups de fusil.

— C'est extraordinaire ce que je me sens mal à l'aise ici. Nos avant-postes sont plus que maigres... et si l'ennemi s'en doutait.... Nous voyez-vous surpris dans ce maudit village?

— Non, mon colonel ! Je ne vois pas cela. Ces coups de feu, après tout, ne sont peut-être dus qu'à l'énervement des goumiers qui gardent les issues.... Ils m'ont paru en effet tout proches, et si les Allemands étaient si près, nous le saurions bien, quand le diable y serait? »

De fait, ce n'était que cela ; mais le colonel n'en rechaussa pas moins ses bottes ; je l'entendis descendre, puis jurer contre les molosses enchaînés qui grognaient trop fort à son gré, près de la grille du parc.

J'en augurai qu'il partait en ronde, et dès lors, je pouvais être tranquille. Puisqu'il veillait, il m'était loisible de m'en dispenser et rien ne m'interdisait plus de dormir sur mes deux oreilles. Tant qu'il ne serait pas tué ou surpris « en personne », je savais que l'ennemi ne nous « aurait » point et que dix escadrons de fougueux Arabes, dans la main de ce chef incomparable, auraient vite fait de boucher le « trou » qui nous inquiétait.

Je pouvais dormir !... et pourtant le sommeil ne vint point ! Si mes yeux se fermaient, je ne pouvais me dispenser d'écouter — d'écouter les « bruits du silence » — ces vagues rumeurs nocturnes, bruissement du vent dans les branches ; grincements sournois des troncs d'arbres, dans ce parc touffu, sous mes fenêtres ; plaintes inexpliquées des chiens de garde ; appels gutturaux de nos cavaliers d'Afrique, des gens qui se disent les choses les plus simples sur le ton rogue et criard des plus aigres disputes.

Il fallut que vînt l'aube pour me remettre d'aplomb.

Alors, le grand lit douillet me parut encore meilleur, après cette insomnie. Mais déjà R..., son inséparable porte-cigarettes en merisier aux dents, était levé ; j'entendais son pas sur le gravier, autour de la pelouse, et une honte me prit, qui m'empêcha de céder à la tiède attirance des draps fins, fleurant la lavande.

Au cas où ma paresse l'eût emporté, peut-être m'eût-il dit :

« Commandant, vous avez eu tort ! » comme il me le disait si affectueusement parfois. Non ! je ne voulais point risquer de mériter sa juste réprimande....

D'ailleurs, on nous appelait au calvaire de B.-au-B..., et il était temps de partir.

VII

DOULOUREUSE ALERTE

10 octobre 1914. — Joie !

Hier soir, j'ai reçu l'ordre suivant : « Tout ou partie des autos-canons et autos-mitrailleuses du 1ᵉʳ groupe ira à H... avec la mission ci-après : Reconnaître la force, la composition et la direction des colonnes de cavalerie ennemies signalées dans la direction d'H.... Reconnaître si ces colonnes de cavalerie sont suivies de troupes d'infanterie. »

Le colonel du J... désire garder à sa disposition la moitié de mes voitures ; je les lui laisse donc, sous les ordres de R... et, avec l'autre moitié, je me mets en route de grand matin. Jamais les kilomètres ne nous ont paru si longs !

La route prudente est celle de Saint-O... ; là, nous apprenons que la veille, un parti d'Allemands a envahi la gare d'H..., on l'en a chassé ; mais les faubourgs n'en sont pas moins menacés. Nous allons donc y pousser une pointe, pour avoir des renseignements plus précis ; mais déjà, je vois que je devrai, m'inspirant des circonstances, modifier les instructions qui m'ont été données.

A H..., en effet, le général R... est sérieusement aux prises avec les avant-gardes ennemies. Il voudrait nous retenir ! mais rester là serait aller contre l'esprit des ordres que j'ai reçus, qui sont de « reconnaître », je le comprends bien, ce qui se passe à l'extrême droite allemande.

Pour cela, il faut remonter sans retard vers le Nord ; puis redescendre par la Belgique, par Furnes, Dixmude, jusqu'à Ypres. Ne me parle-t-on pas de patrouilles de uhlans qui auraient fait leur apparition aux environs de Bergues?

Je décide donc d'aller à Dunkerque. De là, une fois complétés nos approvisionnements, nous chercherons à contourner les forces de cavalerie signalées, ne négligeant pas de les combattre, si l'occasion s'en présente.

Nous sommes à Dunkerque au point du jour, le 11 octobre. Il est entendu qu'aussitôt après le déjeuner, nous nous mettrons en route pour Furnes.

Mais, à 9 heures, on m'appelle à la Place, où il y a un message téléphonique pour moi : « Le groupe d'autos-canons sous votre commandement se rendra immédiatement à Doullens, où il recevra de nouveaux ordres ».

Patatras ! et le beau rêve s'enfuit.

Nous arrivons à Doullens le soir même. Le général m'attendait avec impatience. Il a une navrante nouvelle à m'annoncer : R... a été tué pendant mon absence et les voitures qu'il commandait sont hors de combat... peut-être aux mains de l'ennemi. Alors, on m'a rappelé. Dès demain matin, j'irai à B... où le colonel du J... m'expliquera....

Fatalité !

Je n'arrive pas à comprendre comment R..., avec son jugement si froidement juste, son coup d'œil si sûr, a pu se lancer dans une si funeste aventure. Peut-être l'a-t-on mis en demeure d'exécuter coûte que coûte quelque chose d'inexécutable?

Et il a fallu que cela se passât sans que nous prissions, nous autres, « en ballade » dans le Nord, notre part des dangers encourus?

Je suis désespéré ; mes hommes également, et c'est en remuant de bien tristes pensées que nous roulons vers B....

Dès que nous y arrivons, j'interroge auxieusement le premier soldat rencontré :

« Le lieutenant R...?

— *Il est là !...* »

Ah ! au moins a-t-on pu ravir son corps aux

Boches maudits ! Pauvre ami ! Je vais donc le voir, couché pour l'éternel sommeil, gardé par quatre goumiers sabre au clair, horriblement défiguré, en morceaux, qui sait?

*
* *

« Holà ! Hé ! Commandant ! Où allez-vous donc? déjà revenus? »

Par exemple ! R !... R !... « en chair et en os », heureux de vivre, comme toujours.

On s'explique.

La catastrophe est simplement imaginaire, résultat d'un de ces « on-dit » qui circulent si souvent aux abords des champs de bataille... tout comme ailleurs.

C'est égal ! Dire que c'est pour cela qu'on nous a rappelés !...

J'enrage !... mais je suis bien content... tout de même.

VIII

NEUF-BERQUIN

13 octobre 1914. — De grand matin, l'ordre nous est donné d'aller à Mer, à la disposition du général M... dont la brigade attaque Neuf-Berquin fortement occupé par l'ennemi. Mais, à Mer, le général n'y est plus ; il s'est porté beaucoup plus en avant, et c'est à 200 mètres des lignes allemandes que je vais prendre ses ordres.

L'adversaire a poussé quelques tranchées au delà du village ; l'une d'elles coupe la route ; nos autos ne passeront donc pas par ici ; mais, en cherchant bien, nous trouverons sans doute une bonne position pour battre la Chapelle-Hemerie, qu'il a solidement organisée.

Je pars donc, avec le capitaine L..., dans le but de découvrir un endroit favorable, aux abords de Mer.

Nous avons laissé notre voiture en arrière, et c'est à pied que nous nous dirigeons vers une scierie qui, par l'agencement de ses divers bâtiments, pourra nous permettre de dissimuler suffisamment nos autos.

Son mur de clôture nous masque bien ; nous pouvons donc, en toute sécurité, procéder à notre reconnaissance. Elle est presque terminée, lorsque l'éclatement tout proche d'un obus, au delà de ce mur, excite notre curiosité. Nos têtes se montrent.... Un avion de chez nous, impotent, et forcé sans doute d'atterrir dans la plaine, a roulé jusque-là, et les Allemands ont commencé de le canonner.

Rrrrac ! Un nouvel obus qui éclate, fusant, celui-ci, juste au-dessus de nous...

Zzzzz ! la lourde douche de fer tombe en jet sans qu'une de ses gouttes meurtrières nous atteigne. Cela a fait voler la terre, les cailloux, haché les planches éparses.

Est-ce possible? Chance ! Nous n'avons rien.... Un troisième coup suit de près, heureusement un peu court.

Nous rejoignons l'automobile, ne pouvant pas songer à nous installer là. « Ils » vont s'acharner sûrement contre cet avion, et puis, on dirait que la scierie elle-même les tente : tout ce bois amoncelé, quel beau brasier cela fera !

C'est à La B... qu'en fin de compte, nous allons prendre position, pour battre le clocher de Neuf-Berquin, qui abrite un observateur boche.

A la jumelle, je le vois agiter des fanions par l'embrasure ogivale, au-dessus de l'horloge.

Le général M... nous demande de le contraindre à se retirer....

Pan ! un peu trop court....

Pan ! dans l'horloge (tant pis !)

Pan ! en plein dans la fenêtre d'où l'autre faisait ses signaux....

Assurément, il n'y reparaîtra plus... et nous continuons notre feu ; il est pénible de tirer sur toutes ces maisons françaises... mais puisqu'elles sont pleines d'ennemis !

Nous devons leur faire du mal, car voici qu'une grêle de balles fauchent maintenant la route où nous sommes ; puis l'artillerie s'en mêle ; un premier coup, qui nous est manifestement destiné, tombe dans un champ tout proche ; un autre obus suit de près, et, plus rapproché, nous éclabousse ; il ne faut pas leur laisser le temps de trouver la « fourchette », et j'ordonne aux voitures engagées de cesser le feu et de rompre momentanément, pour désorienter ce tir de réglage, tandis que je reste auprès du général, à l'abri précaire d'une maisonnette déjà pas mal ébréchée ; chaque fois qu'à l'angle où il se tient, il hasarde la tête pour mieux voir, une salve fouette le mur.

Mon ordre de repli a provoqué des... sourires sur le visage de quelques-uns des officiers qui l'assistent. Évidemment, on ne nous connaît guère, dans cette brigade... et peut-être se dit-on : « En voilà qui font du bruit... tant qu'ils n'ont rien à craindre... mais dès qu'un obus s'approche... il n'y a plus personne.... »

Chers camarades ! J'ai feint, n'est-ce pas, de ne point comprendre? Ménager ses forces pour être assuré de cogner plus fort ensuite est une méthode sage et qui n'implique pas obligatoirement « la frousse »....

A un autre, marin comme moi, qui était resté bon dernier à la garde d'un pont avec ses autos-mitrailleuses, alors que toutes les autres troupes s'étaient depuis longtemps repliées, on dit de même, un jour, alors qu'enfin, ne pouvant plus tenir, il les ralliait :

« Comment ! Monsieur ! Vous avez lâché le terrain?... Vous f... le camp?... »

Et savez-vous ce qu'il répondit?

Il répondit tout simplement, pas mal en colère, je le confesse :

« Je ne lâche pas le terrain et je ne f... pas le camp : je ne fais que *vous suivre*.... »

Petite digression, sans la moindre amertume, d'ailleurs. Et puis, il faut avouer que nos rieurs ne riaient plus du tout, une demi-heure plus tard... car ils avaient dû rompre obligatoirement à leur tour, précisément au moment où mes voitures revenaient au combat et prenaient même, vers R..., une position beaucoup plus avancée.

Cette fois, abandonnant la route trop facile à repérer, je les postai dans un champ, pour mieux dépister les observateurs d'en face — et pendant une heure, jusqu'à la nuit et jusqu'à l'épuisement complet de nos munitions, le « groupe » ne cessa d'accabler l'ennemi, bien qu'une fusillade nourrie, bien réglée, nous harcelât sans merci, tuant ou blessant beaucoup de monde... à côté !

La mascotte !

Cette rude journée terminée, un capitaine de chasseurs voulut bien me remercier de l'aide si efficace que nous avions pu lui prêter, puis il ajouta :

« Je vais « de ce pas » demander que l'on cite votre groupe à l'ordre de l'armée ! »

. . . .

Ce pas... il le fit, mais une balle en pleine poitrine, le couchant à terre à mes pieds... l'empêcha d'en faire un deuxième....

* *
*

14 octobre 1914. — Saint-Venant. — Nous resterons ici deux jours, pour nous pourvoir de munitions et « fourbir nos armes ».

Ce soir, grâce à l'ingéniosité de R..., le dîner a été presque succulent ; et pourtant, ce n'est point chose aisée de « chercher sa pâture » dans la petite ville, dont la population soudainement quintuplée par la présence exigeante des troupes oblige chacun à se contenter de la portion congrue.

L'hôte aimable qui m'accueillit a eu, ma parole, une curieuse fantaisie : il y a, en effet, dans ma chambre, toute une bibliothèque emplie des œuvres de Mme de Saint-Venant, l'abondant auteur de *la Religieuse par amour*, de *Rose de Valdeuil*, l'*Heureux Naufragé*, *Florella* et quarante autres romans.

Il y a aussi certain *Précis du roulis sur mer houleuse*, du mathématicien Saint-Venant.

Dirai-je que je m'attardai seulement à feuilleter l'un ou l'autre de ces volumes, si soigneusement rangés sur leurs tablettes? Ce serait mentir.... J'avais mieux à faire : il me fallait dormir, « récupérer », sombrer pour le plus long temps possible dans le bienfaisant oubli !

Malédiction! Vers minuit (en voilà-t-il pas une heure pour déranger les honnêtes gens!) un planton du Q. G. vint soumettre à mon visa vingt pages d'ordres et d'instructions dactylographiés, pour la journée du lendemain....

Confiant dans la promesse qu'on m'avait faite de ne pas utiliser mon groupe ce jour-là, je songeai que j'aurais assez de temps... à une autre heure, pour lire ces instructions et ces ordres, me contentant de les parcourir de fort mauvaise humeur, il faut l'avouer, et je me rendormis après avoir griffonné ma signature au bas de la dernière feuille.

Catastrophe!

Au point du jour, grand branle-bas! Un cuirassier lourdement botté vient brusquement m'informer que le chef d'état-major me demande « sur-le-champ ».

Or, le chef d'état-major n'est point tendre, je le sais.

Aussi, à peine suis-je en sa présence, que

son interrogation me paraît tout à coup redoutable :

« Que f...-vous ici ?

— Mais... mon colonel...

— Alors, vous n'êtes pas capable de comprendre les ordres qu'on vous donne? Vous dormez encore, quand vous devriez être en route depuis une bonne heure déjà? Pourtant, vous avez vu la « décision »? et son doigt tremblant d'indignation me désigne deux lignes insidieusement placées au beau milieu d'une page que... ma foi !... j'avais bien mal lue, à dire vrai !

« Le 1er groupe d'autos-canons de 37 sera à X... pour 6 heures. Son commandant se mettra, dès son arrivée, aux ordres du général R.... »

Rien à dire ! Pas d'excuse possible ! J'ai commis une faute militaire très grave : il faut y parer au plus vite.

Heureusement, mes hommes sont tous sur la place, où nos voitures ont passé la nuit.

R... est là aussi, veillant à mille détails avec son assiduité coutumière.

Ouste ! Ça ronfle ! Nous en « mettrons » davantage, pour rattraper un peu le temps perdu.

Ai-je bien compris? Puisqu'on m'ordonne d'aller à X..., c'est donc que l'ennemi n'y est plus? Bonne affaire ! Nous avançons. Les conducteurs sont pris d'un enthousiasme qui leur donne toutes les audaces ; le long convoi file... file, et tangue et roule sur la route défoncée !

Je l'arrête à quelques centaines de mètres des lisières du village incendié.

X... est à nous, mais c'est un monceau d'éboulis fumants que nous ont laissé les Boches !

Ce n'est pas sans peine qu'au milieu de ces ruines, je parviens à joindre, sous un appentis qui grésille encore, le général R....

Il veut bien ne point me reprocher un retard dont je m'excuse de mon mieux : en effet, rien ne presse pour l'instant.

« La nuit a été rude, me dit-il, mais à l'aurore nous entrions dans le village ; en ce moment, je fais reconnaître et patrouiller au delà ; voyez comme le terrain est plat devant nous. Cette ferme, et puis cette autre, là-bas, sont encore occupées par de petits partis ennemis ; je vous demande seulement de les canonner, pour que le rôle de mes reconnaissances ne soit pas entravé. En outre, vous enverrez une auto-mitrailleuse dans la direction d'Es... ; les Allemands tiennent fortement encore la rive droite de la L..., il faudrait les en déloger. »

*
* *

Tandis que je canonnais les fermes désignées, R... partait donc pour Es... Pendant des heures, j'entendis les « ta-ta-ta-ta » plus ou moins nourris de sa mitrailleuse.

Il ne revint qu'à la nuit tombante :

« Commandant ! Ça a chauffé, là-bas !
Mais tout a bien marché ! »

Et c'est ainsi que, très modestement selon
sa coutume, il résumait la situation des plus
critique qu'il avait trouvée à Es..., où, grâce
à son habileté et au plus admirable sang-froid,
dans une rue toute droite, balayée par le feu
ininterrompu de l'ennemi, il avait fauché
tout ce qui s'était trouvé devant lui... tenant
là des heures et des heures... presque seul.

En rejoignant, tard dans la nuit, notre loin-
tain cantonnement à H..., je songeai plus
profondément encore que de coutume à la
chance qui m'était échue d'avoir eu, comme
lieutenant et comme camarade, un officier
de cette trempe.

De le savoir si froidement audacieux, des
craintes me venaient souvent... et lui-même
n'aimait pas beaucoup voir « le commandant » partir pour certaines de ces reconnaissances, dont on peut si bien ne pas revenir....

Ah ! mon brave compagnon ! Si j'étais

capable de gratitude envers les Boches, je les remercierais, oui! car sans eux, je ne vous aurais pas connu, et l'acquisition, même à ce prix, d'un ami tel que vous. est chose tellement précieuse !

IX

« GUTE LEUTE »

16 octobre 1914. — Doulieu. — On nous appela ici ce matin. Les Allemands, il y a quelques heures, occupaient encore ce village au nom évocateur de paix.

Et ce « doux lieu », les barbares l'ont souillé à leur manière, qui est bien la plus répugnante que je connaisse.

Tout ému, le brave curé nous conte comment ils ont détruit son église, quelques instants avant de se retirer. Les murs extérieurs en furent badigeonnés et arrosés de pétrole, aussi haut qu'on put, et cela flamba bientôt « jusqu'au ciel ». La nef s'écroula, puis le clocher, et la cloche, avec un grand fracas, vint s'écraser sur les dalles du porche.... Alors, tout en pliant bagage, les Allemands lancèrent sans doute d'effroyables blasphèmes, avec des Hoch ! Hoch ! de satisfaction.

« Messieurs, nous dit le prêtre, ce fut vraiment une vision infernale. Ce feu ! Ces diables avinés poussant des cris de bêtes de proie... et leurs danses démoniaques à l'entour du pauvre sanctuaire flambant ! Ah ! ma chère église ! » Et sur la face énergique du curé, des larmes abondantes coulèrent sans qu'il fît aucun effort pour les contenir. Ainsi s'en allait toute l'amertume du saint homme, tandis qu'autour de lui une dizaine d'habitants, les seuls qui avaient eu la force de rester là, pleuraient également sur leur ruine totale, sans courage pour rentrer dans leurs demeures saccagées.

X

DIXMUDE

19 octobre 1914. — Avec deux escadrons de
goumiers, nous sommes, dans la matinée,
aux ordres de l'amiral Ronarc'h, à Dixmude.
Notre arrivée sur la grand'place produit
quelque sensation ; ces cavaliers arabes, que
les matelots de la brigade voient pour la première fois, autant que nos voitures bizarres,
piquent leur curiosité ; mes hommes retrou-
vent des camarades ; on s'interpelle, on parle
du pays, tandis que le colonel du J... va
prendre les ordres de l'amiral.

Je ne sais guère ce qui se passe dans la

région, mais on pressent que quelque chose se prépare ; des estafettes courent, des cyclistes vont et viennent, porteurs de plis urgents, des détachements se forment en hâte ; évidemment, nous ne « moisirons » pas sur cette place.

En effet, voici le colonel de retour ; il me met au courant et m'explique ce que l'on attend de nous.

Depuis leur échec du 16, les Allemands sont demeurés parfaitement tranquilles ; à peine ont-ils envoyé quelques patrouilles vers Dixmude, et ce calme, nous laissant dans l'ignorance de leurs intentions plus ou moins immédiates, n'est point fait pour favoriser notre propre initiative. Il faut donc avant tout « tâter » l'adversaire, afin de l'amener à révéler ses mouvements prochains.

Le capitaine de frégate de K..., avec un bataillon, est allé jusqu'à Essen sans être inquiété ; sans doute l'ennemi s'est-il retiré sous la pression de notre cavalerie, qui vient d'enlever Clerckem et menace Zarren. Les goumiers reçoivent donc l'ordre de pousser une audacieuse reconnaissance du côté de Bovekerque ; de fouiller le bois voisin, d'atteindre, si possible, Couckelaere et Belhutte, dans la direction de Thourout.

Quant à nous, nous devons les « appuyer » en nous inspirant des circonstances.

Les escadrons partent en fourrageurs, tandis que mon groupe prend position à 500 mètres environ au sud de Bovekerque. Pas un coup de fusil ; silence complet ; on nous a d'ailleurs affirmé que Bovekerque n'est pas occupé, que l'ennemi n'a point d'artillerie par ici....

Et pourtant, aux lisières du village, des cyclistes belges sont bientôt surpris par une violente fusillade.

Nous nous sentons mal à l'aise, ainsi à découvert sur cette route ; assurément, quoi qu'on en ait dit, il y a « du monde » en face de nous, beaucoup de monde sans doute, et très certainement on nous observe de ce clocher qui pointe sournoisement au-dessus des arbres, à si bonne portée.

Puisqu' « ils » ne se montrent point, c'est qu'ils ont l'espoir de nous attirer plus près encore, jusqu'à ce que nous tombions dans quelque embuscade soigneusement préparée.

Du côté de Couckelaere, on tiraille : nos cavaliers sont donc au contact. Mais Keyem? et Beerst? sont-ils aux mains de l'ennemi? Jamais je n'ai éprouvé jusqu'ici pareille gêne! On dirait qu'une invisible trame se resserre sur nous, et chacun a l'angoissante impression que tout à l'heure il sera fort tard pour échapper à son étreinte.

Notre artillerie, incertaine elle aussi, se tait, et l'atmosphère trop tranquille paraît chargée de lourdes menaces.

Midi. Une galopade qui se rapproche fait sonner les pavés de la route, vers l'Est, et quelques instants après, les goumiers nous rejoignent ; mais, au poitrail de maints chevaux blancs, de larges blessures saignent ; beaucoup de pauvres bêtes tremblent, sur leurs jambes écharpées ; plusieurs ont été tuées, là-bas, et leurs cavaliers sont revenus en croupe.

Bref, c'est miracle que l'échauffourée n'ait point été plus meurtrière, près de Belhutte ; deux hommes seulement sont légèrement atteints ; quoi qu'il en soit, les escadrons ont accompli brillamment leur mission : on peut affirmer que les Allemands, en force, occupent la région qu'ils avaient à explorer.

En somme, leur pression sur Dixmude se précise. Les fusiliers-marins dirigés sur Beerst ont été mitraillés, mais ont avancé quand même ; puis une invisible batterie s'est mise à arroser systématiquement la seule route par où tous les éléments ainsi envoyés en couverture à l'Est de la ville devront bientôt se replier : marins, goumiers, cyclistes, autos belges ou françaises.

Ce lent repli par cette unique chaussée,

bordée de fossés profonds, traversant des champs coupés eux-mêmes de ruisseaux et de canaux qui rendent impossible tout déploiement de la cavalerie ou de l'infanterie, va se transformer, qui sait, en désastre, pour peu que l'adversaire parvienne à bien régler le tir de son artillerie?

Les goumiers longent les deux fossés, au pas ; les cyclistes, pied à terre, marchent entre cette double haie de cavaliers, et nous suivons, en queue de la longue et lente colonne ; il nous faut stopper souvent pour qu'elle prenne un peu d'avance...

Au-dessus de nos têtes, l'éclatement des projectiles nous accompagne ; heureusement, ils éclatent beaucoup trop haut, et la pluie de fer, diluée, s'éparpille sans faire trop de mal.

Soudain, voici que, sur la droite, une « saucisse » nous apparaît, au-dessus d'un petit bois, à 500 mètres environ. L'une de mes voitures fait halte quelques secondes et pan ! pan ! pan !... Au troisième coup, le ballon crevé, piteusement dégonflé, s'affaisse lourdement sur les branches.

« Hurrah ! » crient les cyclistes belges !

Beerst, Vladslo flambent.

Nous «frôlons» donc l'ennemi, sur ce lamentable chemin de retour, et s'il tentait un coup de main sur l'arrière de la colonne ainsi empêtrée, mon groupe serait en bien mauvaise posture. C'est pourquoi je juge bon, à partir d'Essen, de prendre du champ ; il y a là une route à gauche, qui va rejoindre, au sud du château, celle de Woumen à Dixmude ; nous nous y engageons sans plus hésiter.

Il serait parfaitement imprudent de passer la nuit à Dixmude, que les Allemands bombardent.... Nous allons donc jusqu'à Loo. Il fait nuit depuis longtemps déjà quand nous y arrivons, et le cantonnement ne s'y organise point facilement ; par surcroît, il pleut à flots ; la petite place est déjà encombrée de convois ; mais tout de même on se tasse et je peux enfin, quand tout mon monde est logé, rejoindre à mon tour la maison qui m'a été assignée, celle du « notaris » — la troisième autorité, dans tous les bourgs belges, après le bourgmestre et le curé.

XI

L'YSER

20 octobre 1914. — La pluie n'a point cessé de tomber toute la nuit, et il pleut encore ce matin.

Il y a une forte canonnade du côté de Dixmude. Évidemment, la bataille est nettement engagée là-bas, celle que l'Histoire enregistrera sous le nom de bataille de l'Yser.

Désormais, cette rivière, entre l'ennemi et nous, rendra bien difficile l'emploi de nos autos ! Car, pour joindre les Boches, il n'y a plus de routes possibles ; seuls, les ponts nous permettraient de passer ; or, beaucoup sont déjà coupés, et l'artillerie s'acharne sur ceux qui subsistent.

Une reconnaissance, par les routes défoncées, suffit à me convaincre qu'aujourd'hui, en tout cas, et tant que le terrain sera détrempé de la sorte, il n'y aura rien à faire pour nous, et je me résigne à rester inactif à Loo. Les heures sont longues, démesurément longues. Entre deux averses, nous restons là sur la place, R... et moi, également attristés de notre inaction forcée ; et chaque ondée nouvelle nous oblige à chercher un abri, soit au café du Pélican, soit en face, à celui de la Maison Commune ; et dans l'un comme dans l'autre, nous tuons le temps en trempant dans du café bien chaud des tartines de pain beurré....

Pas de nouvelles, ou si peu !

21 octobre 1914. —Et il pleut encore !...

Décidément, une profonde mélancolie s'insinue en moi, au spectacle désolé de cette campagne des Flandres, toute noyée.

R... n'est guère plus vaillant.

« Que faisons-nous aujourd'hui, commandant?

— Eh ! que voulez-vous que nous fassions?
On m'a dit de vous envoyer avec une auto-
mitrailleuse au pont de Drie Grachten, à côté
de Noordschote ; allez-y donc, et puissiez-
vous y servir à quelque chose. Vous me ral-
lierez à Hoogstaede, où nous cantonnerons
ce soir. »

Il me revint bredouille, après être resté
des heures et des heures au pont.

22 octobre 1914. — Il pleut toujours !

A Hoogstaede, nous sommes à l'aise. Les
dix escadrons de goumiers, que nous accom-
pagnons toujours, bivouaquent dans les
champs en bordure de la route, et que tout
cela serait donc joli, s'il y avait seulement
un rayon de soleil pour allumer toutes ces
couleurs !

Pendant quatre heures, l'après-midi, en
compagnie de notre colonel, j'explore les

abords de Dixmude, où les marins tiennent bon, avec l'aide des Belges, puis les différents ponts de l'Yser. Pas plus pour nos cavaliers que pour nos autos ne s'offre la chance d'une utilisation fructueuse. Décidément, la guerre change d'allure. D'un côté comme de l'autre de la rivière, on semble décidé à s'enfoncer dans la terre en bouillie.

Cavaliers ! rentrez vos grands sabres ! Voici que commencent des jeux nouveaux ! Vous allez vous-mêmes vous enfouir dans ces bourbiers, la lance ou la carabine au poing.

Et nous, les pourfendeurs de grands espaces, qu'allons-nous devenir?

. . . .

Toute cette fin d'octobre pluvieux fut pour nous d'une obsédante monotonie.

Le 1er novembre, goumiers et autos-canons furent dirigés sur K... ; nous rentrions en France.

Là, nous rejoignirent deux autos-mitrailleuses, bien protégées, celles-ci, et qui nous étaient délivrées en remplacement de celles perdues à Douai. En même temps qu'elles, je « touchai » l'adjudant Le P....

Mais là comme à Hoogstaede, la même inactivité menaçait de se prolonger indéfiniment.

Aussi pris-je le parti, le 6, de demander à aller le lendemain voir s'il n'y avait pas « quelque chose à faire » du côté de Nieuport, que menaçait maintenant l'extrême droite allemande. Le général H... voulut bien y consentir, et la nouvelle de ce déplacement remit de la joie au cœur de tout mon monde.

Cette joie dura peu, car à W... où le général B... avait établi son poste de commandement, je ne fus pas long à me convaincre que toute action nous était interdite, là comme partout ailleurs, tout au long de l'Yser.

D'autre part, la région était tellement encombrée que nous ne pouvions songer à y rester. Dès l'après-midi nous repassions donc la frontière, et, ma foi, sans ordres ni indications pour cantonner, je me dirigeai à tout hasard vers B.-D... Les goûmiers nous y rejoignaient dès le lendemain. Nous devions rester là bien près de cinq semaines.

XII

QUARTIERS D'HIVER

7 novembre-12 décembre 1914. —L'heureux sort m'échut, à B.-D..., de partager, avec R... et deux camarades du goum, une superbe villa que ses propriétaires avaient abandonnée dès que le canon s'était fait entendre dans la direction de Nieuport.

Et telle avait été leur hâte à déguerpir, que rien de ce qui fait l'intimité du « chez soi » n'avait été enlevé.

Que Monsieur et Madame aient jugé opportun qu'il en fût ainsi, pouvais-je leur en vouloir?

Qu'ils aient de même laissé Zoé, leur femme de chambre belge, à la garde de la précieuse demeure, pouvais-je davantage leur en faire grief?

Quand je frappai, muni de mon billet de logement, Zoé, pourtant, me reçut tout d'abord fort mal :

« Bonjour, mademoiselle ! Je dois loger ici ; voici mon billet, bel et bien signé par M. le maire lui-même.

— Tu peux pas loger ici, monsieur !

— Comment?

—Y a plus que la chambre du «patron» et tu saurais pas coucher dans le lit du « patron ».

— Et pourquoi donc?

— Parce qu'il a « tiré son plan » il l'a défendu....

— Eh bien ! ma belle, voici qu'à partir de cet instant je désire ardemment cette chambre du « patron », comme vous dites. S'il est si jaloux de son lit, il n'avait qu'à rester ici.

« Donc, laissez-moi entrer, je vous le conseille. »

Alors, Zoé s'adoucit :

« Allons ! entrez si tu veux !... Moi, tu sais, monsieur, je m'en f... pas mal ! (oh !).

« Mais s'il revenait... une fois?

— Laissez ! laissez faire, on s'arrangera toujours. »

Et c'est ainsi que, ce soir béni entre tous, je me prélassai dans de beaux draps à jours, sous un léger édredon recouvert de soie saumon....

Je dormis là... comme l'on pense.

Et pourtant, au réveil, ce linge ouvragé ne me parut point d'une netteté excessive. Pourquoi me pris-je à croire qu'il n'avait point été mis là *pour moi*? A m'imaginer que Zoé... et ce grand carabinier blond et rose... entrevu dans la cuisine....

Mais non ! Suppositions, bien sûr ! Gratuites et bien malveillantes suppositions....

J'eus mon chocolat, servi à point à l'heure

voulue. Zoé fit fonctionner le chauffage central (il fait si froid, sais-tu) ; nous montra qu'il y avait des partitions dans un casier, à côté du piano à queue.

Elle prit l'habitude de nous préparer ponctuellement du thé à cinq heures ; elle prit même celle de se laisser lutiner par D..., le plus boute-en-train de tous les lieutenants du goum, et ses exclamations avaient alors une saveur bien particulière :

« Ah ! monsieur... laisse-moi ! Chameau, va !... laisse-moi, que je vous dis....

« Tiens, je vais te donner une « bise » et puis tu me f... la paix, pour une fois ! »

Et c'est « en bises » que nous nous accoutumâmes tout naturellement à la payer de toutes ses attentions.

Ce doux régime dura jusqu'à ce qu'un général belge, venu là à son tour, nous chassât de « chez nous »....

Et dès lors, c'est lui qui eut le bon chocolat crémeux ; ce fut pour lui qu'on fit fonctionner le chauffage central ; ce fut pour lui qu'il y eut du thé chaque soir... et des « bises ! »

Misère, va !

En échange, j'eus une bicoque en bois, ouverte à tous les vents glacés de la saison.

J'y avais si froid, qu'en dehors des heures consacrées au sommeil, il m'était impossible d'y demeurer. On y mit un poêle, mais il m'enfuma à tel point que je dus renoncer à m'en servir.

Sans domicile, errant, je ne me trouvais bien qu'au bureau du colonel ; là, au moins, en me recroquevillant tout contre la fonte rouge d'un fourneau de cuisine, je parvenais à ne pas grelotter, attendant avec impatience le moment des repas à la popote — seuls instants qui me remissent du cœur au ventre. C'est le cas de le dire.

Oh ! cet hiver, cet hiver des Flandres plates, tristes, tellement désolantes !

Les opérations militaires du goum et les

nôtres étaient presque totalement arrêtées. Quelques patrouilles, les « djiaouch » indigènes, des essais de reconnaissances offensives, voilà tout ce que nous pûmes tenter, pendant ce séjour à B.-D....

Aussi, quand le 12 décembre l'ordre nous parvint de changer de cantonnement pour aller de nouveau en Belgique, à C.-B..., ce fut une délivrance pour moi, comme pour tous les « miens ». Et puis, nous avancions un peu...

*
* *

12 décembre 1914. — Ayant retrouvé à C.-B... le 1er escadron du goum, nous nous décidons à « faire popote » avec nos bons camarades.

Ils sont d'ailleurs fort bien installés à la villa « Gai-Logis »; deux chambres y étant encore à prendre, nous en profitons, R... et moi.

L'emploi qu'on nous a réservé ici ne nous

offrira vraisemblablement point grandes chances de combattre ; en tout cas, il nous tiendra en haleine, et en alerte. Et puis, sait-on jamais?

Là, au moins, on est dans une région que l'ennemi bombarde ; on est revenu « à l'avant », et cela suffit à faire renaître entrain et bonne humeur.

Naturellement, mes hommes sont passablement « débrouillards » ; aussi parviennent-ils sans peine à combiner fort adroitement les exigences du service avec le souci du bien-être, en profitant tout simplement des manières fort accueillantes des quelques habitants de l'endroit.

Et puisque je fais allusion à cet accueil si sympathique, je m'en voudrais de ne pas rappeler ici le souvenir de Marie B..., « Maritche » comme nous disions dans l'intimité.

Son père tenait, avant la guerre, un petit commerce de quincaillerie dans la Rue-Longue, à Nieuport, et sa maison avait été une des premières démolies par le bombardement.

Il s'en vint à C.-B. où le bourgmestre de Nieuport avait une villa dont la garde lui fut confiée, et c'est ainsi qu'il eût un abri pour sa nombreuse famille : la maman et sept enfants. Par une bizarrerie qu'il avait recherchée, les noms de ses enfants commençaient tous par un M !

C'étaient, par « ordre de grandeur croissante » : Martial, Marcel, Marthe, Madeleine, Maurice, Marie et Marguerite !... Il y avait même aussi un chien... qui s'appelait M...ax !

Quoi qu'il en soit, le capitaine B..., notre ami du 1er escadron, touché par le dénûment de ces braves gens, avait dès son arrivée engagé Marie pour maintenir en état le « Gai-Logis » et servir à table. Elle avait dix-sept ans ; sa gracieuse silhouette nous égayait, les grands yeux verts de Marie étaient rieurs... et puis, en nous souhaitant « la bonne nuit » chaque soir avant de rentrer chez elle, ne donnait-elle pas, bien gentiment, elle aussi... une « bise » à chacun de nous?

Merci, Maritche !

Je consulte mon « Journal de Marche ».

16 décembre 1914. — Une voiture du groupe reçoit un éclat d'obus dans son réservoir. Une autre, envoyée à S.-G..., est bombardée par intermittence pendant trois heures ; bien dissimulée sous des fagots, elle s'en tire sans trop de mal.

30 décembre 1914. — Je reçois six autos blindées, en remplacement du matériel primitif.

7 janvier 1915. — Tempête.

8-9 janvier. — Tempête !

Du 13 au 20 janvier. — Tempête !

25 janvier 1915. — Mauvaise nouvelle . Le régiment de spahis auxiliaires algériens s'éloigne tellement que nous devons nous séparer de lui.

Finie, la bonne et franche camaraderie !

Quand les derniers burnous disparaissent,

nous nous sentons très seuls tout à coup et comme effrayés par des responsabilités trop lourdes, par l'avenir incertain.

C'est vrai ! Jusqu'ici, on a pensé pour nous, mais maintenant?

XIII

PYROTECHNIE AMUSANTE

5 février 1915. — Le général H. d'O... vient de prendre le commandement des troupes dont notre formation fait partie.

Dans la soirée du 5 février, il me mande à son quartier général. Y aurait-il du nouveau? Allons-nous enfin revoir les Boches de près, ici ou ailleurs?

Non !... mais tout de même ce qui nous échoit va ouvrir un champ tout neuf à nos désirs d'activité plus grande. Puisque nous sommes marins, on a décidé de nous confier la surveillance de tout le matériel flottant utilisé par l'armée dans la région : péniches, bélandres, doris, canots, pétrolettes, que sais-je? tout cela, éparpillé dans les polders, l'Yser, les canaux.

Autre chose : on manque d'«engins de tranchée» et puisque nous sommes des marins, nous devons « imaginer » d'abord un matériel approprié, puis le faire construire.

En apprenant que nous sommes devenus, de par la seule volonté du général, fabricants de « crapouillots », R... ne peut s'empêcher de rire de bon cœur.

Par bonheur, l'adjudant Le P... vient d'être promu sous-lieutenant. Bien que mobilisé au train des équipages, service automobile, sa promotion lui vaut d'être affecté (en écritures...) au ...e régiment d'artillerie, et puisque nous avons désormais avec nous ce camarade... artilleur, fabriquer bombes, lance-bombes, mortiers et le reste n'est plus qu'un jeu d'enfants....

* *
*

Dès le soir, nous tenons conseil :

« Après tout, dit fort à propos R..., que faut-il pour envoyer une bombe sur la... figure des Boches?

« Il faut tout simplement un récipient susceptible de contenir une poudre quelconque, qui explosera au bon moment ; il faut encore une bouche à feu rudimentaire, et c'est tout ! En somme, le problème ne me semble point très compliqué !

— Oui ! vous savez bien, commandant, quelque chose comme des boîtes de conserves, des boîtes cylindriques « à petits pois », qu'on remplirait de cheddyte et de vieux clous, par exemple, propose à son tour... l'artilleur.

— Bravo ! mes amis, nous y sommes ! »

Avec un détonateur, un bout de « cordeau Bickford », voilà la bombe ! Il n'y a plus qu'à mettre une charge appropriée au fond d'un tube, la bombe par-dessus, enflammer cette poudre, qui chassera la bombe tout en allumant la queue de « Bickford » que nous lui adjoindrons, en guise d'appendice fusant !

Notre projectile éclatera d'autant plus loin que cette queue sera plus longue, selon que l'angle de tir sera lui-même moins grand, ou la charge de poudre plus forte !...

Dès demain matin j'irai à D... commander notre premier « crapouillot », puis nous l'essaierons dès qu'il sera fabriqué.

*
* *

C'est maintenant l'instant solennel de cet essai.

Nous avons choisi un terrain vague, très vague, bien loin de toute habitation... car, sait-on jamais?

Voici « notre » mortier bien calé dans le sable ; je lui verse dans la bouche quatre cuillerées à soupe de poudre de chasse ; la bombe repose sur cette charge, dans laquelle est noyé le bout de cordeau....

Une mèche de plus d'un mètre transmettra le feu à la poudre, et tandis qu'elle brûlera, nous aurons le temps de nous retirer prudemment derrière quelque repli de terrain.

Les surprises désagréables sont toujours possibles, n'est-il pas vrai?

Voilà ! la mèche flambe.... Silence !

En écoutant bien, on entendrait battre nos cœurs.

Pan ! Zzzzz ! Des éclats de ferraille, *revenus en arrière*, sifflent au ras du sol... mais rien ne tombe dans la direction où nous avons pointé notre redoutable machine !

Diable ! Le culot de notre bombe a failli tuer un zouave... qui passait à 200 mètres *derrière nous*.

C'est qu'aussi le « crapouillot » s'est cabré, au moment du départ du coup, et le projectile a décrit que je sais quelle trajectoire rétrograde, pour venir exploser presque au-dessus de nos têtes.

Évidemment, cette sorte de boomerang n'est certes point ce que nous avions rêvé....

N'empêche que les essais suivants prirent vite meilleure tournure. Nous eûmes la satisfaction, tout de même, après une huitaine de jours d'efforts, de pouvoir distribuer aux tranchées, et en abondance, de la « bonne marchandise » que l'on y débita sans compter.

Après... quelque chose de meilleur vint la supplanter, et notre pauvre « crapouillot » fut relégué aux oubliettes, avec les ferrailles inutiles !

Sic transit....

C'est égal ! nos audacieuses conceptions pyrotechniques avaient à ce moment une telle renommée, qu'on ne pouvait point essayer dans le voisinage un système quelconque de bombe lacrymogène, sternutatoire, de boule puante... sans faire appel à... nos lumières. C'est ainsi qu'un beau jour, on nous apporta mystérieusement quatre boîtes cylindriques, boîtes « à petits pois », toujours, nous laissant le soin d'étudier ce « modèle de bombe incendiaire » sans autres explications.

Comme les enfants, je voulus d'abord me rendre compte de ce qu'il y avait dans le ventre de ce joujou nouveau.

Le couvercle enlevé, je découvris trois choses également énigmatiques et inquiétantes : un liquide visqueux et nauséabond — deux cailloux — une éprouvette soigneusement bouchée, et contenant une liqueur transparente?...

Je remis l'opercule en place — puis brandissant courageusement la boîte au-dessus de ma tête, je résolus de la jeter le plus loin possible, pour voir l'effet produit.

Une ! deux ! trois !

Pouah !... Fâcheuse conséquence de l'inertie ! Les cailloux sont restés en arrière, ont repoussé le couvercle mal assujetti.... Je les reçois dans la figure, en même temps que l'innommable liquide ! Le reste seulement... c'est-à-dire l'éprouvette et le récipient... vide, est allé tomber à quelques mètres devant moi !

Je déduisis de cette expérience que « le modèle de bombe incendiaire présenté ne me semblait pas offrir des garanties suffisantes » et on n'en parla plus !

Ces ingénieux passe-temps, avec le sourire et les « bises » de Maritche, nous empêchaient de trop maugréer contre les lenteurs de l'hivernage.

A vrai dire, il y avait encore quelques autres distractions. C'était la ruée fréquente des avions ennemis, par exemple ; alors, le ciel se moutonnait des éclatements des shrapnells....

Vers le soir, la musique de l'un des régiments cantonnés par là jouait souvent, dans un creux des dunes.

Souvent aussi, C.-B... recevait bombes et obus....

Et pourtant, nos désirs de mouvement, de changement, tout au moins, se faisaient une fois encore de plus en plus impatients ; ils s'exaspérèrent avec l'annonce du printemps. Aussi, quand l'ordre nous fut donné, le 5 mars 1915, de nous rendre à O.-D.-B..., chacun se réjouit-il ; nous « avancions » de deux kilomètres. On allait enfin se retrouver à la barbe des Boches !

XIV

VILLA MADONA

Nous devons nous installer à la « Villa Madona ».

C'est une maison en bordure de la mer que son propriétaire... allemand a dû laisser mi-construite, au début des hostilités. Depuis, bien des gens y sont passés, et je me réjouis peu d'apprendre que les derniers occupants, avant nous, étaient des goumiers. L'Arabe à cheval ou contant des histoires, sous la tente, parfait ! Mais l'Arabe... dans le lit où je vais essayer de dormir... c'est autre chose !

D'ailleurs, tout est ici dans un désarroi, un

état de malpropreté qui dépassent les limites permises, même à la guerre.

Je refuse donc tout d'abord d'habiter là, préférant faire aménager une cabine de bain dans les dunes, et y demeurer ; mais le second-maître G... m'affirme que demain la villa sera « briquée au clair » ; que tout y sera remis en ordre.

De fait, dès le lendemain, la villa Madona est méconnaissable. D'ailleurs, l'organisation de notre logement est bien simplifiée, cette fois-ci, puisque R..., le sous-lieutenant Le P... et l'adjudant G... qui vient de m'être adjoint, sont destinés à passer toutes les nuits (et jusques à quand, grand Dieu?) dans des abris hâtivement construits en bordure du front de mer....

O.-D.-B., c'est une minuscule « station balnéaire », bien tranquille en temps de paix, et que fréquentait principalement le clergé en vacance. Aussi, la plupart des habitations y ont-elles un petit air monastique, avec leurs portes, leurs fenêtres en ogive.... Cela n'est point fait pour donner beaucoup de gaîté à ce coin de côte perdu....

Heureusement, le temps, bien que froid, est relativement beau, dès ce début de mars. Mais, que de longues, longues journées en perspective ! Que de soirées plus lentes encore, quand mes camarades seront dans leurs trous, me laissant seul à la villa !

Décidément, la guerre nous a déjà fourni trop de souvenirs, et, à les remuer, je ne fais qu'augmenter mes regrets de cette immobilité qui nous est imposée, de cet emploi trop passif à notre gré. Et pourtant, d'une extrémité à l'autre du front, et pour tous, n'est-ce point la même chose?

Dans les deux camps, ne s'est-on pas fixé face à face, dans la même pénible attente?

Et puis enfin, fait-on la guerre pour choisir son état? Ces réflexions parviennent heureusement à me remettre dans la voie, quand je déraille, dans la voie du véritable devoir,

celui qui consiste à faire « ce que l'on doit »
et même un peu plus... sans autres ambitions
ni autres rêves.

Et les saines paroles du général B... reviennent fort opportunément à ma mémoire :
« Rappelez-vous que faire son devoir une fois,
ce n'est rien, le faire constamment, ce n'est
point encore assez, il faut faire « plus que son
devoir », toujours ! »

* *
*

1er avril 1915. — Nous finissons de déjeuner, quand un lieutenant de chasseurs d'A-
frique se présente à moi :

« Lieutenant S... ! à vos ordres, commandant ! »

C'est un camarade de plus, qui nous tombe
du ciel.... 1er avril ! c'est, je sais bien, le jour
des surprises.... Toutefois, j'étais bien loin
de m'attendre à celle-là ! Mais, l'imprévu des
événements ne me trouble plus guère... et je

finis, après tout, par trouver naturel d'avoir désormais sous mes ordres un lieutenant de cavalerie d'Afrique !

Tout arrive, n'est-il pas vrai?

Le lieutenant S... est d'ailleurs un mitrailleur de premier brin, et nous profiterons tous de ses excellentes leçons.

7 avril 1915. — Notre poste 1 est violemment bombardé à la tombée de la nuit.

R... m'en avise par téléphone, avec son parfait sang-froid coutumier.

9 avril 1915. — A l'entrée de N.-B... ma voiture de liaison, qui portait un ordre, a été, ce matin, criblée d'éclats d'obus.

Joe P..., mon jeune conducteur, n'a pas bronché, comme d'habitude.

29 avril 1915. — Gros événement, aujourd'hui !

Quelque chose d'énorme est tombé sur Dunkerque. J'y vais voir d'où cela peut bien venir?...

Mais, quand je suis près des trous, nulle

indication n'allège ma perplexité.... Ce sont de grandes cavités absolument régulières, des cônes renversés dont le sommet occupe exactement le centre de la périphérie.... Voilà donc des traces de projectiles arrivés *verticalement?* La seule chose que je puisse en augurer, c'est qu'ils viennent de très loin, sans pouvoir rien préciser [1].

15 juin 1915. — Le « groupe » a les honneurs du cinématographe officiel.

Au cours de la « représentation » que nous donnons à cette occasion, les 18 chiens (!) qui comptent à « l'équipage » jouent le rôle principal.

Cela fera rire les enfants — chez Pathé — et de songer seulement à cette joie des tout petits, un attendrissement nous vient....

29 juin 1915. — On m'annonce avec un suffisant mystère que mes hommes demandent à être reçus par moi.

1. On sait comment les bombardements suivants ont permis de repérer et de détruire la pièce qui tirait ainsi sur Dunkerque, à la distance de 35 kilomètres !

C'est vrai ! ma fête ! J'y songeais si peu....

Oui ! Qu'ils viennent ! Qu'ils viennent tous me redire leur dévouement et leur affection !

L'un d'eux prend la parole ; il parle « avec son cœur », ce matelot, qui, comme tous ses camarades, a de si petits défauts et de si grandes qualités !

Ah ! les braves gens ! les véritables amis !

Ils m'offrent en souvenir un superbe encrier, avec une dédicace sur une banderole de cuivre. Mes officiers, pour leur part, me font présent d'une superbe canne ; sa bague d'or porte « Yser 29 juin 1915 ».

Plus tard, quand « ce sera fini », quels doux et consolants émois remueront au fond de mon cœur tant de souvenirs, et que susciteront cette canne, avec cet encrier, reçus ainsi dans ce soir perdu, certain jour de la « Grande Guerre ! »

* *
*

30 juin 1915. — Ce soir, c'est un « photographe », qui monte la garde devant ma porte....

J'ai, pour commander nos trois postes, un marchand de bois de construction, un principal clerc d'avoué, un représentant, pour Petrograd, de la marque de liqueur X....

Mon secrétaire est propriétaire d'une brasserie à Paris ; notre fourrier est industriel ; le vaguemestre, planteur dans l'Amérique du Sud ; le conducteur de ma voiture, constructeur d'automobiles.

Le brigadier Jean L... habite un des plus accueillants hôtels de l'avenue du Bois ; le mitrailleur V... est chiffonnier, et le maréchal des logis de G..., marquis.

A ma quarantaine de matelots sont venus se joindre deux fantassins, deux soldats d'infanterie coloniale, un de la Légion, un zouave, deux dragons, trois chasseurs à cheval, huit sapeurs du génie.

C'est que le groupe a doublé d'importance en quelques mois, au cours desquels il a glané, avec leur propre personnel, de petites fractions isolées. Et pourtant, un tel mélange est d'une homogénéité parfaite et que rien ne saurait troubler.

C'est qu'aussi chacun a spontanément oublié ses souvenirs, ses origines ou traditions sociales, pour n'être plus qu'un acteur passionné du grand drame.

*
* *

Dans certaine « localité », comme disent les guerriers, où cantonnaient des troupes anglaises, j'ai acheté un beau jour, en passant, un petit livre intitulé « The Red Badge of Courage », par Stephen Crane.

Pourquoi, depuis, m'y suis-je donc tellement attaché? Pourquoi fut-il le réconfort aux heures tourmentées, le bréviaire où toujours se trouvait à point la parole consolante?

Sans doute parce qu'il est franchement sincère et que le soldat anonyme dont il relate les impressions est vraiment pareil à nous tous, à tous ceux que la guerre a lancés à la tuerie nécessaire, avec la gêne de leurs sentiments et de leurs nerfs.

Et à lire et relire cet émouvant récit, si peu conventionnel et tellement humain, je me plais avec un attendrissement croissant à contempler au dedans de moi ce que sont ces hommes-là, ce que sont en particulier « les miens », que je connais naturellement le mieux.

Il discerna, ce soldat de Stephen Crane, « que dans pareille crise, les lois de la vie devenaient inutiles ; ce qu'il avait appris sur son propre compte ne lui servait plus de rien ; il prit la résolution de se tenir sur ses gardes, se méfiant de ses aptitudes.

« Il perdit soudain tout souci de soi et

négligea de s'attarder à l'idée de la mort
toujours menaçante ; il n'était plus un indi-
vidu, mais un membre quelconque d'un
grand corps, il avait la conscience continue
de la présence de ses camarades autour de lui
et ressentait la subtile solidarité de la bataille.

« Il sût enfin qu'il ne tremblerait plus, au
geste de ses guides lui montrant une voie,
quelle qu'elle fût. »

.   .   .   .

Or, si j'ai heureusement mes propres
guides, ne suis-je point, par contre, celui de
mes compagnons?

Et c'est avec une foi si confiante, qu'ils
suivent les voies qui leur sont tracées, au
bord desquelles rôdent tant d'effrois !

Ah ! que la vie est donc belle, au milieu
d'eux ! Cette vie qui jamais ne laisse le cerveau vide, qui tend les artères et fait battre
plus largement le cœur !

Tout marin, au cours de sa carrière vaga-
bonde, bâtit la trame plus ou moins ténue,

sur quoi il tissera ensuite ses souvenirs ; mais je ne connais pas d'enchantement ressenti, ni de sensation éprouvée jusqu'ici en quelque coin du monde, qui puisse égaler la satis-faction que suscitent en moi les sauvages réalités de l'heure présente.

Marcher sur un sol miné, sous un ciel d'où pleut la mort ; ne connaître nul abri sûr ; ne pas savoir si l'air qu'on respire ne va point soudain vous étouffer ; si l'on vivra, enfin, la minute qui vient... voilà-t-il pas, en effet, des impressions de choix bien propres à exalter la créature mal équilibrée que nous sommes et que l'ordre banal des choses fait pousser si souvent de travers, sans autres soucis notables que désespérances cruelles et bonheurs décevants ?

Et puis, mourir demain, cette nuit, tout de suite, après une courte agonie qu'adou-ciraient un beau rêve et des visions de gloire, être enseveli au champ d'honneur, serait aussi une manière privilégiée d'en finir... car pour nous la Faucheuse a des ailes, comme les anges....

En tout cas, si nous survivons, il adviendra « qu'au sortir de la région de sang et de colère, notre âme », comme celle du soldat de Stephen Crane, « aura changé ; nous quitterons les terres encore fumantes pour nous tourner, avec des désirs d'amant, vers l'enchantement des ciels apaisés, vers les prairies verdoyantes, vers une existence de paix éternellement douce », et c'est encore sans avoir peur d'elle que nous l'attendrons, la Faucheuse...

XV

LE MANNEQUIN

Le maréchal des logis M... et deux de mes matelots ont résolu de « faire un coup ».

Ils ont entendu dire que l'on attacherait beaucoup de prix à la capture de prisonniers, pour les interroger et leur faire vider leur sac à malices, ce qui permettrait d'avoir, sur certains détails des lignes adverses, des renseignements désirables.

Aller pêcher des gens dans les tranchées boches n'est point, *a priori*, chose aisée ; c'est bien ce que pensent nos trois lascars ; aussi ont-ils vite résolu de tendre un piège, un véritable traquenard dans lequel ils tomberont certainement, affirment-ils, car leur stratagème doit être infaillible.

C'est à grand'peine qu'ils veulent bien me l'expliquer, avec force réticences, d'ailleurs ; on leur a donné carte blanche, ils sont libres d'organiser à leur gré leur petite affaire ; aussi, jaloux de leurs secrets, ne me les révèlent-ils que très incomplètement.

Je comprends seulement qu'il s'agit d'un mannequin, qu'ils bâtiront Dieu sait comme ; puis on le transportera entre les lignes ; là, on le piquera dans le sable, et, forcément, quelque Boche stupide tentera de s'emparer du bonhomme, qu'il prendra pour un égaré, un déserteur, qui sait? C'est alors que matelots et maréchal des logis surgiront de derrière le monticule où ils se seront préalablement mis à l'affût... et cueilleront leur proie.

« C'est bien simple, n'est-ce pas, commandant? »

Simple, mon Dieu oui ! Fort simple assu-

rément, pour gens qui ne craignent rien ;
on en arrive, ayant affaire à gens de cette
trempe, à trouver en effet naturelles les audaces les plus extravagantes.

Car enfin, si l'énoncé de leur projet paraît
d'une logique assez bonne, n'y a-t-il pas lieu
d'y opposer tous les risques graves qui surgiront au cours de l'entreprise?

Eh bien ! Non ! Il n'y a pas lieu ! puisqu'ils
sont sûrs de leur réussite comme ils sont sûrs
d'eux ; et les faire seulement douter serait
leur enlever la Foi, la belle Foi qui, dans les
actions de guerre petites ou grandes, est la
meilleure garantie du succès.

Il ne faut point que le vertige les prenne
au milieu de leur équipée; il faut, au contraire,
qu'ils marchent droit au but, avec la certitude
qu'ils ne resteront point en route.

Allez donc dire au danseur de corde qu'à
moitié chemin de son fil tendu « quelque
chose » d'imprévu viendra peut-être rompre
son équilibre ! Ce sera le moyen de lui faire

casser le cou, même si ce « quelque chose »
ne se produit pas, car l'homme a ses nerfs,
hélas ! tout comme une jolie femme, et qui
sont soumis bien souvent à de rudes épreuves !

Donc, je n'insistai point ; j'admis comme
eux, d'emblée, la réussite certaine de l'a-
venture et les laissai libres d'agir à leur guise.

« Merci, commandant ! On partira pour
Nieuport dès ce soir », me dit M....

— Comment? C'est à Nieuport que....

— Oui ! C'est là que sont nos « matériaux »
et on préparera tout dans une cave qu'on a
déjà repérée dans la rue Longue, ajoute un
des matelots.

« Quand tout sera prêt, on vous avertira,
commandant ; d'ailleurs, on serait contents
que vous veniez nous voir, mais pas avant
demain dans la soirée ; à ce moment-là, le
travail sera déjà pas mal avancé.

— Bien sûr, que j'irai vous voir, car enfin
vous m'intriguez passablement ; allez donc,
et bonne chance ! »

*
* *

Pour tout dire, j'avais peu de scrupules à
lâcher la bride sur le cou de mes trois débrouillards.

C'était en effet un hardi à tous crins, que
M..., le chef de l'expédition.

Bien qu'habitué, « dans le civil », aux cour-
bettes protocolaires, étant secrétaire d'un
ministre, s'il vous plaît ! — je vous affirme
que sa robuste échine ne ploya jamais en face
de l'ennemi.

L'un des matelots avait été, lui, pris dans
la rude échauffourée de D..., c'était un de
ceux qui m'avaient rejoint en traversant les
troupes d'investissement, après notre malen-
contreuse aventure du 1er octobre 1914.
L'autre, un grand diable de pêcheur accou-
tumé aux Bancs d'Islande et de Terre-Neuve,
je l'avais toujours vu si admirablement
calme et maître de soi, qu'en somme, avec ce

trio-là, je pouvais être tranquille, tout au
moins aussi tranquille qu'on peut l'être,
quand il s'agit de laisser trois hommes qu'on
aime bien risquer délibérément leur vie, sur
des chances problématiques.

Mais, l'ordre a été donné à tous « de faire
des prisonniers » ; si cela a suffi à enflammer
leur bon vouloir, cela suffit également à faire
taire en moi toute circonspection exagérée :
ces trois hommes ont tout de suite compris
leur devoir, il est donc inutile que je m'at-
tarde à discuter autour du mien.

****

Sur Nieuport, le bombardement coutumier
bat son plein ; l'imbécile ferraille siffle,
ronfle, vole en éclats, défonçant ce qui n'était
qu'ébréché ; émiettant ce qui était déjà
démoli.

Dans leurs caves, tous ceux qu'il est nécessaire de maintenir là sont relativement à

l'abri ; certes, le 210 crève les voûtes les plus solides ; mais le 210 coûte cher... et les Allemands n'en abusent pas pour le moment.

Je parviens, en mettant en jeu quelques ruses qu'on apprend vite, à gagner sans écoper l'endroit où se prépare le « coup à faire », dans la rue Longue.

En dépit du vacarme, du « marmitage » rageur... du danger évident, pour dire le mot, mes trois gaillards, accroupis autour d'un bout de chandelle dont la flamme oscille à chaque coup de canon, sont probablement occupés à quelque ajustage délicat et absorbant ; ils ne m'ont point vu venir, et je dois les interpeller pour qu'ils sachent que je suis là :

« Holà ! Hé ! les Sorciers !

— Présent ! commandant, répondent en même temps trois voix joyeuses ; ça va ! D'ailleurs, on va vous montrer « la chose », ajoute l'un des marins.

Ils s'écartent, ayant bien envie de pouffer

de rire, sûrement, et « la chose », effective-
ment, m'apparaît.

Où ont-ils été dénicher cela, grand
Dieu ?

Allongé par terre, sur des décombres de
tuiles, de pierres, de plâtras, un mannequin
me « regarde », si j'ose dire, de ses grands yeux
ronds émaillés ; c'est un de ces gosses en bois
ou carton-pâte que l'on voit aux devantures
des magasins de nouveautés, et qui endossent,
sans se lasser jamais, à chaque changement
de saison, les « dernières modes pour gar-
çonnets ».

Ils ont chipé celui-là dans quelque bou-
tique pantelante et sens dessus dessous, l'ont
habillé de vieilles défroques, le déguisant
ainsi à leur manière pour lui donner vaille
que vaille l'aspect d'un soldat de chez nous,
minuscule « poilu » imberbe à tignasse blonde
toute frisée !

Comme ce spectacle me divertit sincèrement, les autres s'enhardissent :

« Attendez, commandant ! Vous n'avez pas vu le plus beau !

« Comme ce gosse couché ressemble à un macchabée !

« Il est sinistre, trouvez-vous pas, avec sa bobine impassible, ce regard mort et ces membres rigides !

« Mais on est en train de l'animer ; un bout de caoutchouc dans le ventre ; deux pitons dans l'épine dorsale, et un autre entre les pieds... et vous allez voir ! »

De fait, ils ont mis le cocasse bonhomme debout, fixé sur une planche par deux grands clous traversant ses pieds plats. On lui visse maintenant un fusil de bois dans la hanche droite, et puis on lui passe autour du corps une ficelle aux ingénieux détours — fort ingénieux à dire vrai — car si l'on tire cette ficelle, le mannequin se ploie en avant, en arrière, « vit » suffisamment, enfin, pour créer, dans la nuit, ces illusions sur lesquelles ils comptent. Après les avoir chaudement félicités, je leur demande « pour quand ça est ».

« Ce soir, on ira faire une dernière reconnaissance, me dit le maréchal des logis M... ; et puis, ce sera pour demain dans la nuit, si les circonstances sont favorables, c'est-à-dire si l'obscurité est assez profonde pour nous permettre d'installer tout avant le lever de la lune.

« Seulement, commandant, en vous en retournant, vous devriez bien mettre au courant le chef du secteur dans lequel nous opérerons, afin qu'il n'y ait point de méprise... et qu'on ne nous tire pas dans le dos....

— Bien entendu, ce sera fait ! A bientôt ! Et, de nouveau, bonne chance ! »

*
* *

Ça y est !

Ils sont revenus, tous les trois, mais sans prisonniers, et M... me rend compte, passablement déconfit, tandis que ses deux compagnons ponctuent son récit de gestes furieux et d'énergiques exclamations :

« Ah ! Misère de misère ! C'était pas la peine de se donner tant de mal et de se fatiguer la cervelle ! Mais on a bien ri !... Même que ça a failli nous coûter cher, de rire, comme vous verrez.

« Donc, cette nuit, on a porté le gosse dans nos tranchées, d'abord — et je vous prie de croire que son arrivée et son court séjour y firent couler une pinte de bon sang dans toutes les veines de nos braves poilus.

« Il faisait très noir, heureusement (vous savez qu'à l'endroit que nous avions choisi, les lignes sont très rapprochées, distantes de 60 mètres environ).

« On a pu passer par-dessus notre parapet sans attirer l'attention des veilleurs d'en face ; dresser notre mannequin sur un tertre de sable ; puis se mettre à l'affût derrière une petite dune toute proche ; D... prit la ficelle de manœuvre ; L... empoigna son mousqueton ;

moi, mon revolver, et on attendit ; on attendit... la lune.

« Ce ne fut pas très long, et dès que le ciel
s'éclaira, c'est avec une grande joie, allez,
que nous contemplâmes notre épouvantail,
bien droit sur ses pieds, et brandissant son
fusil de bois — sentinelle immobile et imper-
turbable.

« Alors, D... tira sa ficelle ; le bonhomme
s'inclina doucement en avant... puis en
arrière. Nous aurions entendu nos cœurs
battre d'émotion, si nous n'avions pas été si
attentifs aux moindres bruits d'alentour.

« Soudain, une forme parut sur le parapet
d'en face, accompagnée d'un guttural « Wer
da ? »

« Comme surpris, notre fantoche s'aplatit
aussitôt contre terre, ce qui enhardit quelque
peu le Boche, sans doute, car il se décida à
franchir son parapet et à marcher prudemment vers lui.

« Mais tout à coup, notre sentinelle se redressa, et oscilla quelques secondes sur sa planchette. Ce fut au tour de l'autre idiot de s'aplatir, tout en criant un autre « Wer da? » auquel je répondis, m'ingéniant à émettre des sons de ventriloque :

« France ! Cambronne ! » (pardon, commandant).

« Ce fut instantané ; l'Allemand évidemment furieux s'agenouilla, fit feu... vida son chargeur.

« Au dernier coup, le mannequin tomba en arrière, cette fois... mort, sans doute, tandis qu'entre mes lèvres, j'étouffais pour lui une douloureuse plainte.

« Le rôdeur se mit aussitôt en demeure de ramper vers sa victime, dans l'espoir de lui prendre son portefeuille et sa montre, probablement.

« Attention ! dis-je alors ; laissez-le approcher, je lui sauterai dessus, surveillez seulement ceux qui pourraient venir à la rescousse. »

« Minute palpitante !

« Le Teuton de malheur est là, tout près ;
couché sur le cadavre, il nous tourne le dos,
la figure penchée sur la frimousse blonde et
peinturlurée ; je vais bondir... mais voilà-t-il
pas qu'à ce moment ce maudit L... s'empêtre
dans la ficelle ; elle se tend violemment, le
mannequin, tout d'une pièce, se redresse,
cognant de sa figure de bois sur le front du
détrousseur de cadavres, qui pousse un cri
d'effroi et file comme un fou vers sa
tranchée.

« Manqué ! Nous l'avons manqué !

« Mais tout de même, c'est alors que nous
nous mîmes à rire à gorge que veux-tu...
mais là, vous savez, commandant, à rire
bruyamment, comme des enfants amusés,
sans nous préoccuper du reste... c'est-à-dire
de la pluie de balles qui, de suite, arrosa les
abords de notre cachette, soulevant un brouil-
lard de sable qui nous aveuglait.

« On les laissa tirer, on les laissa se calmer...

puis nous rentrâmes comme nous étions venus....

« C'est égal ! Je me demande ce qu'il a bien pu raconter à ses copains, l'autre... au retour de son équipée? »

XVI

UN BAPTÊME AU FRONT

3 juillet 1915. — J'ai reçu ces jours-ci d'Angleterre un fragile guidon tricolore, avec une ancre brodée d'or.

Ce fanion de soie, ce sera désormais l'étendard du groupe ; on l'arborera pour les beaux combats, s'ils reviennent jamais !

Je désire donc qu'une cérémonie grave dans la mémoire de tous le souvenir de l'instant où, pour la première fois, nos couleurs seront hissées à leur hampette de bambou.

Le parrain sera notre si sympathique voisin, le lieutenant-colonel R..., commandant le ..ᵉ zouaves de marche — le régiment Sans Peur — et la marraine, lady Dorothy F..., fille de lord D..., l'héroïque et toute gracieuse infirmière bien connue dans toutes les Flandres, décorée de l'ordre de Léopold, citée à l'ordre du jour de la brigade de marins.

Avec un tel parrainage, notre guidon ne saurait faillir !

Il fait un temps délicieux, aujourd'hui ; un beau soleil dore les dunes, tout à l'entour ; la mer, jusqu'à l'horizon très clair, est tellement calme qu'on la jurerait immobile, si sa frange mousseuse, où crèvent des bulles irisées, ne mouillait pas progressivement le sable de la plage.

Au-dessus de nous, des avions ronronnent et se mitraillent ; sur Nieuport, de petits nuages blancs se forment à grand fracas ; un peu au delà, des tourbillons d'épaisse poussière sortent de terre, avec de sourdes détonations, ou bien l'eau jaillit en hautes gerbes : explosions de grosses marmites qui « cherchent les ponts » et ne les trouvent pas.

Sur la table de notre salle à manger, le fanion repose au pied de sa hampe, sur une superbe gerbe de fleurs, hommage du parrain à la marraine. Avec un cordonnet de soie, « Miss Dorothy » le hissera tout à l'heure.

A côté, il y a un 105 bien fourbi, portant lui aussi des fleurs, à la place de la fusée. Sur sa ceinture de cuivre, le tambour-major des zouaves, qui est, « dans le civil », un artiste ciseleur de la rue Bab-Azoun, a gravé une dédicace et une date.

Ceci, c'est encore une pensée du colonel R....

« Miss Dorothy » aura ainsi un souvenir durable de cette réunion ; plus durable que les fleurs ; plus durable aussi que le simple souvenir qui s'inscrit au fond du cœur, mais que tant d'autres, hélas, en s'y traçant à leur tour, peuvent si bien effacer !

Devant la maison, la musique du ..ᵉ et sa clique renommée sont là, au grand complet.

Le baptême est d'ailleurs fort simple. Le parrain veut bien, tout d'abord, rappeler ce que le « groupe » a pu faire, pour mériter les honneurs d'un si précieux guidon ; évoque très éloquemment ce qu'il pourra faire encore, puis « Miss Dorothy », tirant délicatement sur la petite drisse, « met à bloc » le minuscule drapeau tout chatoyant.

Hurrah !... et la « Marche des zouaves », l'immortel « Chant de guerre des chacals », résonne de toute la puissance de ses cuivres.

« Face aux Boches ! » a crié le colonel.

Et tournés vers les tranchées, les musiciens, redoublant leurs efforts, soufflent toute leur ardeur et toute leur haine dans leurs instruments, espérant bien qu'elles arriveront, transportées par les ondes sonores, jusqu'aux crânes des ennemis ahuris dans leurs trous !

Et c'est tout... c'en est fini, de la partie « officielle » de notre fête.

Pour une fois, depuis bien longtemps, le temps a coulé trop rapide. Une douce émotion nous est venue de cette cérémonie aux rites si simples ; elle s'est installée aux parages les meilleurs de nos âmes.

Je crois que la grâce des gestes féminins en fut bien un peu la cause.... Je le crois d'autant mieux que lorsque « Miss Dorothy » nous quitta, pour se hâter comme tous les soirs vers les blessés de Dixmude, « quelque chose » de nous partit soudain avec elle... quelque chose qui sans doute suffisait à combler nos cœurs, puisque, privés de cela, ils nous parurent tout à coup désespérément vides....

*
* *

23 août 1915. — Cette nuit, vers 11 heures, il y a eu du grabuge sur mer, au large de Nieuport.

Mes vigies ont signalé tout d'abord des lueurs dans le ciel, puis on a entendu de fortes détonations, au loin, après quoi les batteries allemandes des abords d'Ostende se sont mises à tirer vers le large....

24 août 1915. — Nous apprenons la cause de cette illumination et de ce vacarme.

Le contre-torpilleur français *Oriflamme*, commandé par le lieutenant de vaisseau Le G..., ayant rencontré un destroyer ennemi deux fois plus puissant, s'est lancé hardiment à l'attaque... et l'a coulé !

. . . .

14 septembre 1915. — Des rumeurs d'offensive générale circulent.

Peut-être va-t-on « percer » quelque part, et, pour cette éventualité, le commandement ne veut rien négliger. Le général décide, en particulier, d'assembler certaines petites unités, placées sous ses ordres, spécialement « mobiles », et c'est ainsi qu'est constitué un « groupe léger » composé de nos autos-canons et autos-mitrailleuses, de deux escadrons de cavalerie divisionnaire et d'une compagnie cycliste, le tout sous la direction du commandant V..., chef de bataillon au ..^e zouaves de marche.

On s'exercera d'abord à des manœuvres d'ensemble, puis à des manœuvres à double action, et lorsque la formation nouvelle sera bien assouplie et entraînée, sans doute l'enverra-t-on là où, formant coin dans un front désorganisé, elle pourra frayer un passage à notre infanterie et à notre cavalerie.

Certes, le projet est séduisant ! Aussi, nous consacrons-nous avec grand entrain à cette organisation, qui comporte de si belles espérances.

Dès le 30 septembre, un « ordre secret et personnel » m'enjoint d'être prêt à « faire mouvement » au premier signal.

J'en augure qu'il « y a du bon » et que, dans une région nouvelle, nous retrouverons bientôt l'activité tant souhaitée.

*
* *

Ça y est !... En route !... Mes instructions me précisent de porter le groupe à L... où je recevrai de nouveaux ordres. D'autres troupes sont déplacées en même temps que nous. Sans doute le reste du « groupe léger » va-t-il nous rejoindre. Mais à L... on me prescrit seulement de cantonner... puis d'attendre....

Nous y avons « attendu » trois semaines durant... en effet, l'ordre de retourner tout pacifiquement à notre point de départ.

XVII

DEUX RECONNAISSANCES

I. — Sur la « Route pavée ».

J'accompagne le commandant V... du régiment de zouaves voisin.

Nous devons reconnaître, en vue d'une action commune possible, si mes voitures pourraient franchir l'Yser sur un pont qu'on construirait pour elles, ou sur des radeaux, puis foncer ensuite vers les tranchées boches, en suivant ce que nous appelons la « Route pavée », c'est-à-dire la « Route royale » qui bordait autrefois le littoral belge.

Le jour vient de poindre ; jour gris d'hiver

septentrional, légèrement estompé de brume froide. Notre entreprise ne peut en effet être tentée qu'au moment où la surveillance de l'ennemi n'est pas encore bien éveillée ; car nous devrons nous promener sur la chaussée qui surplombe tout le terrain d'alentour, nous détacher en silhouettes bien nettes, avancer au delà de nos propres lignes, c'est-à-dire, en somme, offrir aux Boches l'alléchant attrait de deux cibles vivantes, et à si bonne portée !

Pas un coup de canon, pas la moindre fusillade ; cette sorte de trêve matinale est d'ailleurs habituelle. L'Yser traversé, près d'une haute estacade qui, précisément, prolonge jusqu'à la berge la « Route pavée », nous nous engageons dans le profond boyau creusé à son pied ; c'est l'heure de la distribution du café, de l'agitation des cuistots ; à part leur va-et-vient, les tranchées sont fort calmes ; sauf les veilleurs aux créneaux, chacun se repose comme il peut, en attendant le réveil à grand fracas, qui ne tardera guère.

Nous sommes arrivés à l'endroit où, à 4 ou 5 mètres au-dessus de nos têtes, l'estacade s'amorce à la route ; avant de monter là-haut, le commandant V... voudrait avoir quelques renseignements sur les mitraillettes dont le feu bat si souvent ce point, depuis une semaine ; il faudrait pour cela interroger le capitaine qui commande la portion du front où nous nous trouvons ; mais celui-ci n'est pas dans sa guitoune ; aller à sa recherche serait perdre un temps précieux, car la clarté a déjà bien augmenté, la brume a presque complètement disparu, et il importe de se hâter pour n'être point surpris par le grand jour.

« S'il y a des mitraillettes, nous le verrons bien ! » déclare philosophiquement le commandant, tandis que nous grimpons sur la route.

Étrange impression !

Nous avons dû nous attarder déjà plus que de raison, sans nous en douter, puisque en vérité nous découvrons les moindres détails du terrain, loin à la ronde?

Il est bien près de 7 heures et demie, et à cette heure-là, en hiver, même en Flandre, il y a belle lurette que le coq a chanté...

Nous venons donc de surgir là-haut, bien en vue, et pourtant on ne nous a point décoché un seul coup de fusil !

Il faut profiter de l'aubaine :

« Allons ! dit mon compagnon ; une cinquantaine de mètres à parcourir, puis nous ferons une première halte contre le petit mur de « sacs à terre », là-bas. »

Nous allongeons le pas, et nos lourdes chaussures font, sur ce maudit pavé, un bruit qui semble formidable, dans le silence angoissant des êtres et des choses.

Seraient-ils tous morts, ou ivres, en face?

Sans être le moindrement inquiétés, nous avons pu nous agenouiller à 100 mètres d'eux, derrière quelques sacs en travers de la chaussée, pour y reprendre haleine avant de tenter un autre bond.

Un lapin, en quête de serpolet sans doute, est venu sottement s'emberlificoter par là dans un paquet de fil de fer, et si malheureusement pour lui qu'il s'y est pris par le cou ; et je songe qu'une gibelotte agrémenterait fort à propos le menu de notre popote.

Mais voilà ! pour le prendre, il va falloir faire des mouvements inutiles.

« J'y vais, mon commandant?

— Allez ! mais faites vite.... »

Quelques enjambées, le temps — qui me semble bien long ! — de rompre le fil de fer... et je « me ramène » vivant... avec un lapin mort ! Maintenant, hardi encore un coup !

Les dents serrées, nous franchissons posément un ponceau, placé sur notre tranchée de première ligne ; la route fait un coude un peu plus loin ; il faut absolument voir si, au delà, elle est praticable jusqu'au parapet des Boches, en dépit du poste qu'ils ont établi sur la « grande Dune », lequel est à présent... derrière nous. D'un élan, nous sommes à ce coude ; un coup d'œil rapide... à 40 pas... leur muraille de sacs... bien ! la route est en bon état jusque-là... et c'est ce que nous voulions savoir....

Donc, ouste ! Vite... un saut de 3 mètres... et nous voici de nouveau en contre-bas... en sécurité relative, par conséquent.

Nous faufiler jusque « chez nous » n'est plus qu'un jeu d'enfant.

Nos braves poilus ne s'étonnent pas outre mesure de notre équipée... mais s'intéressent bien davantage à mon lapin....

Combien de fois, depuis, n'ai-je point éprouvé le remords de ne le leur avoir pas donné ! Mais j'avoue n'avoir point eu cette bonne pensée... sur le moment ; car certaine réaction se produisait alors en moi, la joie brutale de vivre, vous savez bien... la satisfaction égoïste du rescapé... qu'ont éprouvée comme moi tant d'autres, j'en suis sûr, après

certaines témérités voulues et obligatoires,
du genre de celle qui nous avait conduits
tous les deux sur cette « Route pavée ».

II. — Le bois d'H....

En Artois, aux premiers jours d'octobre
1914.

C'est encore la guerre de mouvement, la
belle guerre franche ; notre cavalerie peut
s'en donner à cœur-joie... et celle de l'ennemi
également ; toutefois, elle n'est guère repré-
sentée, dans la région où nous sommes, que
par des groupes de uhlans plus ou moins
importants, et qui, surpris par la retraite
précipitée des leurs, après les journées de la
Marne, sont restés en territoire reconquis.
Repérer leurs gîtes n'est point chose aisée,
car ils en changent très souvent, rançonnant,
pour vivre, les habitants terrorisés ; appa-
raissant un jour quelque part, le lendemain
ailleurs ; bref, tenant campagne pour leur

propre compte, et avec d'autant plus d'a-
charnement qu'ils savent bien que, sans espoir
de rentrer jamais dans leurs lignes, ils seront
infailliblement capturés ou tués ; alors... ils
veulent auparavant faire tout le mal possible.

Un de ces groupes ayant été signalé aux
abords du village d'H..., on me chargea un
beau jour d'aller le « reconnaître ».

Nous étions cantonnés à H.-A... ; l'itinéraire naturel était de gagner au plus
court le bois situé à mi-route, d'abord ; on
m'avait en effet recommandé de faire vite,
tout en me conseillant certaine prudence,
et je choisissais donc le chemin le moins long,
en même temps que je comptais sur ce bois
pour masquer les mouvements de l'auto —
une 45 chevaux s'il vous plaît ! — que pilotait
le maréchal des logis M...., celui-là même qui
devait tremper plus tard dans certaine histoire de mannequin que j'ai dite. Il ne s'agissait point ici de combattre, mais bien de rap-
porter au plus tôt un renseignement ; je ne

pouvais donc pas songer à m'embarquer dans une de nos lourdes autos blindées pour une telle expédition.

*
* *

En route ! La voiture bondit, tangue et roule à vous donner le mal de mer, tant les ornières sont profondes ; M... s'en soucie fort peu ; sportif autant que guerrier, tout cela l'amuse follement !

L'échappement libre fait un bruit du diable, un ronflement à dresser les oreilles de tous les Boches, à des kilomètres à la ronde....

J'ordonne de fermer ce clapet indiscret ; mais mon conducteur se venge en marchant plus vite, les cheveux au vent et fumant une pipe où s'engloutit presque un paquet de tabac tout entier.

En débouchant sur les crêtes, il lui arrive de bloquer soudainement ses freins, d'abandonner le volant, puis d'inspecter l'horizon avec ses jumelles ; souvent, des animaux au pâturage, de tranquilles paysans, vus ainsi d'un peu loin, lui font mettre la carabine au poing.

Nous cherchons des uhlans, et il est bien près d'en voir partout ! Non point qu'il en ait peur, certes, mais bien, au contraire, parce qu'il grille d'envie d'en abattre quelques-uns.

Parfait ! Je connais mon homme ; il vaut mieux que sa fougue se dépense tout entière dès le début de notre randonnée ; ainsi serai-je bien sûr d'avoir un compagnon assagi, si la situation se complique plus tard.

D'ailleurs, trop tôt, à son gré, mais fort à propos pour moi, le chemin devient vite tellement mauvais que tout rentre dans l'ordre ; on approche du bois, et la terre détrempée est si molle que nous devons forcément marcher à très petite allure ; heureusement, car ce que je vois sur la carte m'inquiète ; je me demande si les allées forestières qui y sont tracées nous permettront de passer.

M... affirme naturellement que oui ; un berger interrogé confirme son opinion ; et puis je me rappelle les sages prescriptions de la théorie : « Utiliser les renseignements fournis par les habitants ».

Donc, je me laisse persuader.

Et pourtant, ces épais taillis et ces grands arbres ne me disent rien qui vaille ; j'ai failli payer si cher, déjà, la curiosité d'aller explorer les fourrés sombres, si pleins d'embûches, en temps de guerre....

*
* *

« Arrêtez ! Arrêtez ! »

C'est un paysan blême et hagard, qui nous barre la route.

« N'allez pas plus loin, que j'vous dis !... ils sont là... en embuscade... à 300 mètres environ plus avant que la clairière... je les ai aperçus il n'y a qu'un instant, alors qu'ils s'installaient... même que maintenant, ils doivent nous voir comme je vous vois... et s'ils ne tirent pas sur nous... c'est qu'ils préfèrent vous prendre tout vifs au passage, ou vous démolir plus sûrement à bout portant !... »

Bigre !

Reculer? Impossible !

Bifurquer? Également impossible !

Alors?... marcher quand même?

Mon Dieu oui ! Et puis... ce que dit cet homme, après tout....

« Commandant, il faut y aller en vitesse », opine M....

« Ils nous manqueront....

— Mais, s'ils ont défoncé notre piste, déjà si mauvaise?

— Je connais la voiture : « nous passerons » quand le diable y serait !

— Alors.... A-Dieu-vat ! »

.   .   .   .

Et nous voici peinant à toute puissance du moteur ; les roues patinent, dérapent ; devant nous, l'allée forestière se prolonge, toute droite, à travers la diversité des feuillages d'automne.

J'ai saisi ma carabine... nous abordons la clairière... C'est à 300 mètres au delà que seraient embusqués nos uhlans....

. . . .

Rrran ! Vzzz....

Une salve... des feuilles tombent...; en se fichant dans le sol en bouillie, les balles ont fait glouc !... glouc !... la voiture n'est point touchée... nous non plus....

« Les chameaux ! » s'exclame M..., rageur, tandis que je lui commande : « A gauche toute ! »

A gauche, en effet, il y a un pré ; s'il est assez résistant, nous pourrons y effectuer notre virage et nous dégager de l'impasse... peut-être... en faisant à rebours, et aussi vite que possible, le même chemin par où nous sommes venus.... Chance ! Ça y est... mais M... objecte à ce moment :

« Si nous reparaissons sur notre route rectiligne, ils nous canarderont jusqu'à ce que mort s'ensuive... c'est certain.... En prenant la tangente... ce serait bien plus sûr.

— Possible ! Mais, comment y parvenir, à travers champs?

— Bast ! Ma voiture en a vu bien d'autres, commandant ! Laissez-moi faire ! »

Et la 45 chevaux, trépidante et geignante, s'avance dans le pré, puis dans les terres labourées, au delà.

Son carter râcle les sillons ; mais la puissante machine, d'un soubresaut, se dégage ; elle s'accroche au sol comme une fantastique bête d'apocalypse....

Les uhlans ont perdu notre trace ; sûrement, ils ne peuvent plus nous voir ; donc, l'aventure, finalement, se terminera bien, à condition que l'auto ne reste pas en panne... car ce serait une panne définitive.

D'ailleurs, à 200 mètres environ devant nous, on découvre les têtes d'une double rangée d'arbres ; il y a donc là une route ; le tout est de l'atteindre ; elle est évidemment en contre-bas, mais qu'importe !

. . . .

En effet ! un saut prodigieux ! La descente raide du haut talus... un fossé en montagne russe... encore un bond ! Ouf ! Bravo, M... ! bien joué ! Un petit tour aisé du côté d'H... suffit à nous convaincre qu'il n'y a rien de suspect aux abords immédiats du village.

La « reconnaissance » est terminée, non sans quelque peine, il faut en convenir ; mais nous rapportons le renseignement désiré, et dès lors notre rallye n'aura point été inutile....

XVIII

AUX TRANCHÉES

3 décembre 1915. — Enfin !

« Nous occuperons de suite les ouvrages K... et L... de la ligne principale de défense, chacun avec une section de mitrailleuses. Cette installation devra être terminée ce soir même à la nuit tombante. »

Ainsi se résument les ordres que je viens de recevoir, et tout aussitôt cette journée, qui s'annonçait tellement décevante à son tour, nous paraît une des meilleures de toutes celles que nous ayons vécues.

C'est que de chauds émois ont brûlé tout

à coup, dans nos cœurs, les moisissures de l'ennui ; de vibrantes secousses ont désagrégé les rouilles de nos cerveaux ! Nous allons donc faire à nouveau tout notre grand devoir ! comme les autres.

Chaque soir, depuis des semaines, nous avions vu passer, devant le seuil de notre villa, les troupes de relève. Elles allaient au feu, à la mort, alors que dans une salle bien chauffée et suffisamment close, aucun souci immédiat ne nous atteignait ; même, nous dormions depuis longtemps, à l'abri et au chaud, quand ceux qui « descendaient de là-haut », ruisselants sous la pluie, grelottants, traînaient encore sur les routes défoncées leurs jambes engourdies par la gelée ou alourdies par la boue gluante des tranchées, effroyablement las, chargés à crouler de tout leur bagage de guerre — pour regagner un gîte médiocre.

Chaque fois, ces allées et venues de soldats exaspéraient notre désespoir de ne plus encourir, comme eux, les beaux risques des combats et troublaient notre conscience, qui demeurait profondément tourmentée de se ployer à la servitude militaire qui nous était imposée et abolissait, à nos yeux, la grandeur du sacrifice.

Avoir enseigné l'emploi de nos canons et de la mitrailleuse à plus de dix régiments ; protégé des ascensions de ballon observateur ; organisé et assuré la défense du front de mer ; surveillé et employé la flottille de l'Yser ; construit des « crapouillots » et des bombes, tout cela n'avait point comblé nos vœux, à vrai dire beaucoup plus ardents.

Ah ! combien la vie nous semblait incomparablement plus belle, maintenant qu'à nouveau la mort nous menaçait de plus près !

Quelque part, Napoléon n'a-t-il point parlé de « l'Homme et de son Tirant d'eau? »

Récupérant notre capacité entière, notre complète « jauge », voici donc que revenait l'espoir des franches bordées, des coups directs, de la bataille, enfin !

*
* *

Dans N..., à l'endroit où le chemin de fer de D... coupe le canal de F..., il y a une maison de garde-barrière ; son sous-sol a été bétonné ; une épaisse muraille de sacs la renforce jusqu'au premier étage : ceci constitue le « poste K... » que R... vient d'occuper avec une section de nos mitrailleuses.

Le « poste L... » lui, n'existe pas encore : c'est un simple point sur la carte, à côté d'une usine aux trois quarts démolie par le bombardement, et où est installée une batterie de.... Le lieutenant qui la commande ne se réjouit guère de nous voir venir dans son voisinage.

« J'étais relativement tranquille ; mais, qu'allons-nous devenir, je vous le demande, avec ces matelots qui se montreront partout, feront des galipettes sur les parapets et une fumée d'enfer pour leur cuisine ! »

Je me contente de sourire, naturellement. Mes trois galons n'impressionnent guère ce camarade, je le vois bien — et cependant, je ne veux certainement pas les mettre en cause.

Par là, un système de deux passerelles franchit les canaux.

En somme, tout bien considéré, il sera préférable de ne pas encombrer notre voisin, l'artilleur.

Le meilleur emplacement du « poste L » est, en effet, celui qui permettra de prendre d'enfilade ces deux ponts, pour le cas où les Allemands, nous débordant, s'engageraient dans la plaine de R... et menaceraient de flanc nos positions.

Il est donc décidé que les deux mitrailleuses de ce poste resteront en K avec leur personnel : on aurait toujours le temps de s'installer en section volante au bon endroit.

5 décembre 1915. — Sur son « plan directeur », le colonel chargé du secteur me montre certain « tas de briques » :

« Il faudrait là une section d'infanterie. Pouvez-vous la fournir?

— Oui, mon colonel !

— Bien ! Ce n'est pas tout. Il faudrait en outre une section de mitrailleuses au poste 20.

— Je l'y mettrai.

— Enfin, il faut encore un officier à ce poste, un autre au poste 1, pour commander tout le « segment » jusqu'au poste d'écoute....

— Je fournirai ces deux officiers. D'ailleurs, mon colonel, vous voudrez bien m'autoriser à m'entendre avec le capitaine C..., commandant le 5e escadron de chasseurs cantonné à côté de nous ; nous « amalgamerons » nos moyens ; vous verrez, tout ira parfaitement !

— Entendu ! Mais hâtez-vous, car je désire que ce système fonctionne dès demain soir. »

*
* *

Et c'est alors que se forma le plus pittoresque détachement qu'on vit sans doute jamais.

Les officiers du capitaine C... vont concourir avec les miens ; un peloton à pied gardera l'antenne, qui aboutit au poste d'écoute ; chasseurs et marins mitrailleurs se succéderont aux divers postes ; et au « tas de briques » j'aurai une section d'infanterie, composée en majeure partie de... conducteurs d'automobile. Heureusement, ils ont tous fait leurs preuves, et je les connais si bien !

6 décembre 1915. — Vers la fin de l'après-midi, notre petite troupe part aux tranchées pour la première fois, sous les ordres du sous-lieutenant de P..., de l'escadron de chasseurs.

L'obscurité sera suffisante lorsqu'elle arrivera dans le secteur, où il faut autant que possible s'abstenir de circuler en plein jour....

Il pleut à torrents, et les pistes qu'elle doit suivre, détrempées, glissantes, sont très incertaines à mesure que la nuit se fait.

Des arbustes coupés au ras du sol sont autant d'obstacles contre lesquels on trébuche, — et nos hommes, chargés de leurs armes, de deux mitrailleuses avec trépieds et munitions ; de vivres, gamelles, braseros, etc., etc., de tout ce qui est nécessaire, en un mot, pour un premier emménagement, n'avancent que très péniblement, à la recherche de la passerelle flottante par où ils franchiront la rivière, tandis que dans la plaine mi-inondée qu'ils traversent sifflent de nombreuses balles perdues.

Ils ne peuvent s'orienter que grâce au « flair ». de leur officier et à leur propre instinct, dans ce marécage désespérément plat, sans un repère, où le craquement d'une allumette, le feu d'une cigarette... suffiraient à provoquer la fusillade des Allemands si proches....

Sur l'étroite passerelle qui roule et tangue, ils sont tout de même passés sans anicroche, pour s'engager ensuite dans le boyau creusé dans la berge opposée et qui conduit d'abord au « tas de briques » ; ce n'est, ce boyau, comme tous ceux de la région, qu'un fossé très peu profond, laissant le buste tout entier sans protection ; car il est impossible, par là, de creuser davantage sans que l'eau n'envahisse la tranchée.

La section d'infanterie laissée au « tas », le reste du détachement poursuit sa pénible route jusqu'au poste 1, où sont des abris que la boue a presque remplis ; de là, un autre boyau devrait conduire au poste 20 ; mais les parapets éboulés l'ont comblé — et force est donc de couper à travers champs.

Enfin et malgré tout, après trois heures d'efforts, nos braves gens ont pu s'installer pour l'heure fixée.

Pendant quatre jours ils resteront là, dans leurs vêtements tout mouillés, pataugeant

dans une bouillie délayée par la pluie continuelle, malgré l'eau qui sourd au fond des
tranchées et coule dans les guitounes.

7 décembre 1915. — De bonne heure, je me
mets en route pour aller les voir, en compagnie de Le P..., et me rendre compte des
défectuosités qui pourraient résulter de leur
mise en place hâtive.

Au tas de briques, le maréchal des logis H...
chef de section, a pu trouver un refuge dans
un éboulis ; ses hommes se sont tassés sous
un tronçon d'abri voûté en tôle, vaguement
aménagé pour de précédents occupants ;
H... est fort satisfait de ses deux « caporaux »
dont l'un est le « brigadier » P... mon propre
conducteur, et l'autre... le « matelot-méca-
nicien » Ham... !

Je recommande une fois encore la plus
grande discrétion pour faire la cuisine, car
je sais que la moindre fumée attirerait tout
de suite un redoutable bombardement. Donc,
ne faire du feu que pendant la nuit, en mas-

quant soigneusement toute lumière et jusqu'aux reflets des flammes ; il y a assez de
briques dans le « tas » pour entourer les
foyers, dresser des écrans partout où cela
sera nécessaire.

C'est au poste 20 que je trouverai le lieutenant de P....

Le boyau que nous devrions suivre n'est
pas plus praticable ce matin qu'il ne l'était
hier soir ; ce sont 300 mètres de terrain absolument découvert, que nous devons traverser
pour rejoindre ce poste... et il fait grand jour,
maintenant.

Le lieutenant de P..., après avoir veillé
jusqu'au matin, ronfle bruyamment au fond
d'une cagna minuscule et vaseuse, comme
tout le reste ! Pourtant, il faut bien que je
l'éveille. Il a de la boue jusque dans les yeux ;
à vrai dire, il est revêtu, de la tête aux pieds,
d'une gluante couche de terre détrempée ; ses
hommes sont comme lui ; mais quels regards
éclairent ces visages salis ; comme l'idée

réfléchie du devoir résolu s'y peint en beaux traits !

Bien dissimulées derrière leurs embrasures, les mitrailleuses sont prêtes à faucher l'ennemi qui longerait le K... ou s'aventurerait dans le Polder ; la liaison est établie avec les zouaves du poste 19. Tout est bien ! Je puis être tranquille.

10 décembre 1915. — Catastrophe !

C'est aujourd'hui jour de relève... la première, et je suis dans un embarras extrême !

C'est qu'aussi, poussé sans doute par trop d'enthousiasme et pas assez de réflexion... j'ai fait plus qu'il n'était raisonnable, en employant les deux tiers de mon monde d'un coup... si bien qu'il ne me reste plus de quoi remplacer ceux qui sont là-bas ! Le seul moyen d'arranger les choses est de dégarnir sensiblement le tas de briques ; de ne plus y laisser qu'un petit poste, et de réduire au strict minimum les occupants du poste K... ; je demanderai quelques volontaires qui « redoubleront » (huit jours, par ma faute !) et ainsi pourrai-je sortir de l'impasse où je me suis engagé.

Le colonel veut bien accepter cet arrangement, sur lequel j'aurai à me baser, dorénavant, pour la répartition plus... logique de mon personnel et de celui qui m'est adjoint.

12 décembre 1915. — Tout ceci est fort bien ! Mes officiers sont aux tranchées ; mes hommes également, et moi?

Certes, je me rends compte que les soucis de l'administration de mon unité ; la nécessité de tenir au courant certaine paperasserie ; d'avoir à me rendre quelque part pour ceci, ailleurs pour cela, ailleurs encore pour autre chose... sont des raisons qui rendent pour ainsi dire indispensable ma constante présence au « Bureau du groupe », où déjà s'acharnent l'excellent fourrier M... et le « secrétaire » D... non moins excellent ! Mais tout de même, je ne peux me résoudre à dormir, manger, avoir chaud et ne courir que

des risques minimes, alors que « les miens »
ne dorment pas... qu'ils mangent... quand ils
peuvent et qu'ils ont froid, et courent, eux,
là-bas, de perpétuels dangers.

Malheureusement, il n'y a point, dans
l'organisation à laquelle nous sommes ratta-
chés, d'emploi de mon grade.

Par bonheur, j'apprends que le commandant du détachement de marins restés sur le front est assez gêné pour assurer
facilement tous les services qui lui incom-
bent.

« Si j'allais frapper à cette porte?

— Frappez ! et l'on vous ouvrira ! » et
on m'ouvre, en effet.

Le capitaine de frégate L... me propose de
concourir, avec son adjudant-major et un
autre de ses officiers, au « service de la Vache
Crevée », autrement dit, du poste de commandement de son secteur, dont font précisément
partie les points que mes propres hommes
occupent.

Entendu ! dès le surlendemain, je débuterai dans mes fonctions nouvelles.

14 décembre 1915. — R..., mon ordonnance et fidèle compagnon, prépare avec soin mon paquetage : le browning, tout d'abord ; puis les jumelles, la musette où sont les cartes, du papier, du chocolat... du tabac ; et le sac, avec les vêtements de rechange, deux ou trois boîtes de conserves et la couverture roulée ; le bidon rempli de « pinard » ; la gourde pleine de « kric ». Ceci constituera mon bagage personnel. Lui, outre son fusil et son équipement, portera un autre sac avec nos « vivres réglementaires » pour deux jours.

Il fait un temps abominable... un vent du diable qui couche la lourde pluie.

Après les ponts... le sentier est tout de suite très mauvais ; c'est une vague piste que l'eau a envahie, avec des trous d'obus où l'on enfonce jusqu'aux genoux, des mottes de terre glaise sur lesquelles on glisse. Parfois, la lueur d'une fusée jette un peu de clarté sur ce bourbier ; on en profite pour faire·quelques enjambées plus longues.

Cela dure pendant 1 500 mètres environ, après quoi l'on rejoint la route de S.-G..., la grand'route qui menait à B... ; de chaque côté, de maigres arbres bas et effilochés par le vent, la gelée, dépecés par les projectiles, la bordent ; on dirait des cyprès rabougris et dépouillés, tout au long d'une voie funéraire....

Elle est d'une si poignante désolation, cette route !

De jour, l'on n'y passerait point impunément....

Quelques maisons, qui étaient naguère des fermes proprettes, d'accueillantes auberges, sont maintenant à bas ; les Boches s'acharnent encore presque journellement sur ces ruines ; on leur a donné des noms de guerre qui tous ont une signification, pour nous : maison des Cuisines roulantes ; Abri du moulin ; Ancien poste de secours ; Maison du signal ; Vache crevée....

C'est là que je vais m'établir. Le **P. C.** se compose d'une maisonnette à un étage, à moitié démolie ; en contre-bas et à....

Mais j'allais vous le décrire !... et songez donc ! Si ce livre tombait aux mains des Boches ! ! !

Je peux tout de même vous dire que dans... certain parapet est l'abri des téléphonistes et qu'on descend à celui du « capitaine », au mien, par deux marches. Il y a là dedans un lit, une table, une chaise... et aussi un fauteuil capitonné qui me paraît avoir, ma parole, des airs ecclésiastiques !

Il y a aussi un petit poêle à pétrole et une lampe qui brûle nuit et jour, car la lumière du dehors n'entre point dans ce trou, où l'on ne peut se tenir qu'assis ou couché.

En face, un autre abri est destiné à l'officier qui commande le peloton de réserve et aux téléphonistes de l'artillerie. Enfin, dans diverses guitounes, logent des marins et un certain nombre de territoriaux, avec leur capitaine.

*
* *

L'officier que je relève vient de partir : me voici donc seul, responsable de tout le « secteur ». Quelque part, j'ai à ma disposition une batterie de 75... une section de 90, pour les besoins ordinaires ; mais je peux mettre en œuvre, le cas échéant, des moyens beaucoup plus puissants et déclencher un tir de barrage immédiat, si la nécessité s'en fait sentir.

La pluie tombe toujours ! Quantité de matériaux s'accumulent sur la route ; ils sont transportés dans les différents « segments » par les territoriaux — et aux tranchées, jusqu'au jour, on bâtira, creusera, consolidera ; on fera du béton, on camouflera les passages trop dangereux.

*
* *

Revêtus de leurs peaux de bique, le casque bien enfoncé jusqu'aux oreilles, lents mais adroits, les porteurs ont travaillé jusqu'à 2 heures du matin, sans être inquiétés. Lorsque tous sont rentrés, je peux sommeiller quelque peu, tout habillé, jusqu'à la venue du jour.

Alors, R... m'apporte le bon café brûlant, et c'est une autre journée qui commence, avec ses menaces, ses lourdes responsabilités, et tout l'imprévu qui peut naître à chaque minute, au cours d'une guerre comme celle-ci.

23 décembre 1915. — Cette nuit, je suis allé voir mes mitrailleurs au poste 20.

A vrai dire, leur installation n'est pas des plus sûres ; en maints endroits, les parapets sont beaucoup trop bas, et nos sentinelles ont servi plusieurs fois de cible à l'ennemi, au cours de la journée.

« Même maintenant, commandant, il est rare qu'à chaque fusée nous ne recevions point quelques coups de fusil », remarque le maréchal des logis L....

Comme pour lui donner raison, à cet instant précis, une balle siffle entre sa tête et la mienne....

28 décembre 1915. — Nos tranchées de St-G... reçoivent un millier d'obus de moyen calibre, plus une cinquantaine de 210.

Pendant près de trois heures, la route de B... et le poste de la Vache crevée sont également bombardés... avec du 75 !

L'observatoire est quelque peu disloqué. Un coup pénètre dans l'abri des téléphonistes, sans éclater, fort heureusement ; quatre atteignent mon propre gourbi, qui en est passablement secoué.

Je peux faire la comparaison avec *leur 77*.... Elle est tout à l'avantage de notre bon petit canon.

Il y a malheureusement des dégâts importants dans le secteur ; je m'en rends compte en faisant une minutieuse exploration de nos lignes. En route, je croise les brancardiers, qui portent quatre morts vers l'arrière ;

quelques blessés s'acheminent également vers le poste de secours.

En somme, nos pertes sont minimes, et, la nuit prochaine, on rebâtira ce qui a été démoli....

2 janvier 1916. — 5 h. 30. Le téléphoniste se précipite dans mon gourbi :

« Capitaine[1] ! Capitaine !... Attaque par les gaz !

« Le capitaine de la compagnie de St-G... dit qu'on ne « tiendra pas ! »

En un temps, je suis dans la petite cour ; l'alerte secoue tous les dormeurs, au fond des guitounes. En un clin d'œil, les masques sont « capelés », tandis que je tourne la manivelle de la sirène de brume, dont le meuglement sinistre transmettra vers l'arrière la fâcheuse nouvelle.

---

1. Avec mes trois galons, je suis « capitaine » pour ce marin que je ne commande pas « directement », qui ne fait pas partie du détachement placé sous mes ordres, tandis que je suis « commandant » pour ceux du 1er groupe d'autos-canons.

Et malgré la gravité du moment, je ne peux pas m'empêcher de constater que mes hommes ont pris un aspect bien cocasse, avec leurs larges lunettes, leurs museaux pointus....

L'enseigne de vaisseau D... a rassemblé son peloton de réserve ; j'ai ordonné à toute l'artillerie dont je dispose d'être prête pour le tir de barrage ; les territoriaux attendent mes dernières instructions.

Le ciel est pur, l'atmosphère remarquablement calme, pas un coup de canon ou de fusil, et ce grand silence est précisément ce qui m'inquiète le plus.

Ces maudits Allemands auraient-ils donc inventé quelque chose de nouveau? Un gaz invisible aux effets foudroyants? Et je connais bien V... qui commande à S.-G... ; pour qu'il me dise « on ne tiendra pas », il faut vraiment qu'il soit à bout de ressources et que la situation lui paraisse désespérée. Je vois nos tranchées prises, l'ennemi s'avançant en force vers la « Vache crevée ». Nous sommes, certes, résolus à y brûler nos « dernières cartouches », mais sans beaucoup d'espoir, car la soudaineté de l'attaque rend bien problématique l'arrivée des renforts en temps voulu !

Je serre longuement la main de D..., qui va occuper notre ligne de soutien. L'artillerie n'attend plus que mon signal pour ouvrir le feu ; mais avant de faire ce signal, qui va déclencher un feu d'enfer dans toute la région, je veux avoir, si possible, une « suprême » conversation avec mon camarade de S.-G....

« Allô?... Allô?... St-G...?

— Oui ! C'est moi ! V....

— Eh bien? Qu'y a-t-il?... »

Et une voix parfaitement assurée me répond :

« Ici? Rien... ou presque, nous recevons seulement quelques 57, mais sans grand dommage....

— Et les gaz?... les gaz?...

— Les gaz?... Ah ! oui ! on va terminer l'*exercice* dans deux ou trois minutes. Le capitaine d'état-major qui l'a ordonné passera par chez vous en s'en retournant. »

.   .   .   .

Par exemple ! Il s'agit donc d'un « exercice »?

Nous respirons... mais je suis furieux.

Comment a-t-on pu imaginer, « pour la frime », une alerte qui a failli avoir d'incalculables effets?

Quelques instants après, le capitaine d'état-major m'a rejoint ; il semble satisfait et ne comprend guère mon... indignation ni la façon dont je l'exprime.

« Pourtant, monsieur, lui dis-je, si j'avais ouvert le feu de l'artillerie?

— Vous auriez eu tort, me répond-il posément, car j'ai eu bien soin de vous avertir. Ne vous a-t-on donc pas téléphoné : *Exercice* d'attaque par les gaz ; on ne *tirera pas?* »

Dès lors, je comprends, je comprends tout ! Mon téléphoniste a tout simplement « mangé » le mot « exercice » et transformé *tirera pas* en *tiendra pas !...*

C'est égal... je m'en souviendrai....

XIX

C'EST FINI !

15 janvier 1916. — De fâcheux bruits nous parviennent.

On parle sérieusement de dissoudre nos groupes d'autos-canons ; la marine aurait besoin de son monde....

. . . .

25 janvier 1916. — On me demande d'indiquer le personnel de l'armée de terre qui serait nécessaire pour nous remplacer, au cas où la mer nous réclamerait....

Cette fois, nous sentons bien que c'est la fin !

Sous un ciel bas, chargé de lourdes ondées, nous continuons notre service aux tranchées ; mais la précieuse flamme de l'enthousiasme s'est éteinte. Dans quelques jours... quelques heures, qui sait, il faudra se soumettre à l'inéluctable, se séparer... renoncer à cette belle existence qui exalte toutes les qualités de l'âme et du cerveau....

Alors, notre vie devient toute machinale. Pour nous autres, marins, ce fut une aubaine inespérée, cette étroite et longue collaboration aux faits et gestes de nos armées — et un profond découragement nous envahit à la pensée que bientôt il va falloir renoncer à tant de choses, arracher de nos cœurs et laisser là, dans ces plaines de Flandre, tous les chers émois dont ils tressaillaient, pour les transporter vides ailleurs....

11 février 1916. — Depuis ce matin, j'ai travaillé avec M..., notre zélé fourrier, dans le « Bureau » du groupe.

Il importait en effet de mettre à jour

foule de paperasses, forcément négligées tous ces derniers temps, à cause de mes fréquents séjours à la Vache crevée.

La nuit est venue ; le vent secoue la maison, et la pluie tombe à flots. Il « fait très triste » dans la pièce quasi obscure où nous sommes, et qu'éclaire seulement la lueur vacillante de deux bougies. C'est une de ces soirées où il y a de l'angoisse dans l'air....

Un homme de liaison entre, tout essoufflé, trempé et couvert de boue. Il me remet un pli de l'adjudant P..., qui commande au poste 20 :

« Commandant, j'ai le regret de vous rendre compte qu'à la suite d'un violent bombardement avec du 210, les abris du Tas de briques ont été détruits, à l'heure où l'on y préparait le repas du soir.

« Sept hommes de mon détachement y ont été tués ; ce sont les chasseurs.... ; contrairement à la coutume, je n'y avais pas envoyé de marins aujourd'hui. Dès que je le pourrai, je me rendrai sur les lieux. »

14

Sept morts ! C'est presque le quart de l'effectif des braves cavaliers employés là-bas !

Mais soudain un effroi subit me serre le cœur — car vraiment, cette fois encore, la « chance » du 1er groupe d'autos-canons lui-même est trop manifeste — et j'ai peur que ne vienne la « renverse.» et qu'elle ne soit terrible !

C'est vrai ! Il devait normalement y avoir « des miens » à cette heure-là, au Tas de briques... et « quelque chose » a fait qu'on ne les y ait point envoyés....

Ah ! mes chers amis ! Je le confesse à présent ! Quelles transes n'avez-vous pas suscitées en moi, par votre confiance, cette conviction que vous aimiez à proclamer et qui sincèrement m'effrayait : « Avec vous, commandant, on sait bien qu'il n'arrivera jamais rien de fâcheux au groupe ! »

*
* *

1ᵉʳ mars 1916. — Le groupe est revenu à Vincennes, son point de départ....

C'est fini ! Fini !

Petit mot tranchant et brutal, qui fait surgir comme un écran opaque entre le passé et l'avenir, et sur lequel ne se reflètent plus aucune joie ni aucune espérance !

C'est fini !

QUELQUES MARINS...

A bord du:...

Fort-de-France, mai 1916. — Le jour finit dans la splendeur accoutumée.

Aux plages, l'eau clapote à peine, et la féerie d'en haut s'y mire délicieusement.

De la terre monte une légère brume; au sommet des Mornes chauves, le sol tondu rougeoie, et partout, au creux des anses, au fond des ravins comme au cœur des arbustes touffus, une symphonie commence, faite de crissements, de pépiements multiples, tandis que dans l'air tiède passent et repassent les sarabandes des lucioles.

Avec quelle plénitude fervente on s'abandonne à la sereine langueur de l'heure présente ; on dirait que la pensée, libérée, circule à la manière des ondes merveilleuses et peut atteindre les confins les plus reculés du souvenir et du rêve !

Elle me reporte au temps où mon imagination d'enfant s'embrasait aux évocations de ces échelles occidentales, à cause de mots : savanes, lentisques, arroyos, qui, souvent répétés au cours de récits de voyages, suffisaient à me dépayser en de chimériques régions très lointaines.

En ce temps-là, aussi, je songeais bien souvent à la vie aventureuse de « mes parents des Iles », aux exploits de certains capitaines de même sang que moi, et qui, tout autant corsaires que hauturiers, avaient sillonné ces mers, à la poursuite de l'Anglais....

C'est leur puissante hérédité, sans doute, qui commande en moi ; il me semble que l'âme du matelot est tellement près de la mienne !

Ah ! marins à col bleu ! Marins à pompon rouge !

. . . .

.... Sont partis pour les lointaines grèves,
Sur l'océan maudit par les mères en pleurs
Les hardis jeunes gens que tourmentaient
[des rêves.... [1].

*
* *

Mes impressions de campagne au milieu d'eux s'exaspèrent à regret, dans ce cadre évocateur... et les sensations si brusquement interrompues, là-bas, aux plaines froides des Flandres, se renouent, pour se prolonger aux Antilles chaudes....

. . . .

« Capitaine? je ne vous dérange pas? »

C'est le quartier-maître B... qui vient ainsi troubler ma songerie, sans que je lui en veuille, d'ailleurs.

1. *Rives et Rêves*, poésies posthumes, lieutenant de vaisseau Deloncle.

« Non, mon ami ! Que désirez-vous? »

Et il m'expose « son cas », avec des réticences, dès qu'il craint de se mettre en valeur,

« Il y a peu de temps que vous êtes sur ce bâtiment-ci ; alors... je n'osais pas trop vous parler. Pourtant, nous nous sommes rencontrés déjà. C'était au commencement d'octobre 1914... à l'affaire d'A.-N... en Artois. Ah ! je me rappelle le raffût que vous faisiez avec vos canons, du côté de B.-G... !

« Moi, je me trouvais « tout seul de mon plat », *l'unique matelot*, dans les rangs de la brigade de cavalerie... à pied qui menait la danse ce jour-là.

— Comment cela ! Tout seul?

— Oui capitaine ! Ça peut paraître curieux ; mais c'est comme ça !

« Je faisais partie d'une petite équipe de marins, qu'on avait amenés là pour arracher des fils de fer avec nos canons de débarquement... un truc qu'a pas bien réussi. Alors, les autres ont été renvoyés sur l'arrière et on m'a dit de rester à la garde des pétoires, jusqu'à ce qu'on vienne les chercher.

« Mais, le matin de l'attaque, voilà le général qui passe là où j'étais :

« — Qu'est-ce que tu fiches ici, mon gar-
« çon? qu'il m'a dit.

« — Je garde le matériel, mon général.

« — Bast ! Il se gardera bien tout seul !

« Tu connais le fonctionnement du canon
« de 47, je suppose?

« — Oui ! vu que nous en avons à bord....

« — Parfait ! Le capitaine X.. en a un à sa
« disposition, et il est pas mal empêtré avec...
« nous autres... cavaliers... ça se comprend.

« Mets-toi. vite à sa recherche... et dé-
brouille-toi pour cogner sur les Boches ! Si ça va bien, tu entendras parler de moi... »

« Alors, j'ai fait comme on me commandait.

« J'ai trouvé l'officier, avec son canon et toute la journée j'ai tiré un feu d'enfer... et le lendemain aussi.

« Paraît qu'on n'a pas été mécontent de moi, puisque j'ai été nommé quartier-maître sur le champ de bataille par le général lui-même, et avec une belle citation, qui est inscrite dans mon livret.

« Et puis, il a bien fallu que je rallie mes camarades. C'est tout juste si j'ai pas été eng... (pardon !) parce qu'on comprenait rien à ce que je racontais....

« Mais vous, qui en étiez... vous savez bien que ça été plutôt chaud !

« Seulement, de ce temps-là, il ne s'agissait pas encore de Croix de guerre... et c'est pour ça que je vous parle ; je voudrais bien l'avoir, maintenant ; si vous pouviez m'aider, voyez-vous, je serais si content !

— Mais bien sûr ! Vous l'aurez, votre Croix de guerre ! Vous l'avez assez méritée !

— Oh ! C'est pas là la question... mais c'est un si beau souvenir pour les vieux !

« Merci, capitaine ! »

*
* *

L'histoire de ce quartier-maître me rappelle celle des « Forbans de l'Yser » que j'ai eu l'honneur de commander.

Un beau jour, l'amiral Ronarc'h, en passant sur la grand'route qui longe le canal de Dunkerque à Nieuport, vit aux abords de Furnes des gens qui, sur le pont d'une « bélandre » amarrée à la berge, faisaient grésiller une friture, que d'autres étaient occupés à augmenter en pêchant dans le voisinage.

Spectacle bien naturel, après tout, si pêcheurs et cuisiniers n'eussent été vêtus de défroques militaires qui les faisaient ressembler à des « marins de l'État ».

Aussi l'amiral interpella-t-il l'un d'eux :

« Holà ! l'homme ! »

L'autre lâcha sa ligne et répondit, talons joints, en saluant :

« Présent, amiral ! »

Cette attitude correcte et réglementaire n'était point de nature à éclairer l'énigme :

« Qui vous a donné ces « bonnets[1] », ces vareuses bleues qui vous déguisent en matelots de la Flotte?

— Mais... on en est... des matelots...

— Vous vous fichez de moi, je suppose?

« A part ma brigade et le groupe d'autos-canons de M. X... il n'y a pas de marins dans la région !

« Je le sais bien, peut-être?

— Pourtant, on est bien des matelots... des vrais....

— Admettons ! Alors, que faites-vous sur ce canal?

— Nous savons pas....

— Quel est votre chef?

— Savons pas davantage....

— Mais enfin, qui est-ce qui vous nourrit, vous paie, s'occupe de vous, en un mot?

---

1. Les bérets des matelots.

— Personne ! On pêche pour manger ; et puis, les « ravitaillements » qui passent nous donnent du pain, un peu de vin, du café... le nécessaire, quoi ! Voilà bientôt trois mois que ça dure.... »

***

Renonçant à comprendre, l'amiral m'a chargé de tirer la chose au clair.

« Allez voir ! Cela en vaut la peine, je vous assure ! Sur le canal, au débouché de Furnes, il y a un campement de sauvages déguenillés, dans une bélandre... et qui prétendent être des marins de l'État. Je serais fort désireux de savoir ce que signifie cette plaisanterie.... »

***

A mon tour, je les interroge, et, plus confiants envers moi, qui les intimide moins, ils finissent par préciser un peu leur histoire, et la voici :

Dans la région de..., on avait décidé de faire un raid... aquatique, si j'ose dire, vers les tranchées boches séparées des nôtres par l'inondation.

Des « doris » armés de petits canons à tir rapide, de mitrailleuses, remorqués par des pétrolettes et montés par des marins, devaient franchir aisément cette nappe d'eau à la faveur de l'obscurité, et porter tout naturellement le désarroi et la panique dans la ligne d'en face....

En effet, les pétrolettes avec leurs doris partirent une belle nuit... mais je crois bien qu'aucune ne revint ; l'officier qui les commandait tomba l'un des premiers, les deux jambes fauchées ; le détachement écopa terriblement, et c'est à peine si quelques hommes en réchappèrent....

Privés de leur chef, de leurs sous-officiers morts ou blessés, ces marins rescapés errèrent un certain temps dans nos lignes où ils étaient alors seuls de leur espèce... puis finalement, s'en retournèrent à leur point de départ, c'est-à-dire à cette bélandre où s'était organisée leur malheureuse entreprise, puis, on n'avait plus entendu parler d'eux... jusqu'à ce jour où l'amiral Ronarc'h s'en inquiéta...

Le général commandant dans cette zone; jugea bon de placer sous mon autorité directe ces loqueteux misérables, sans le sou depuis des semaines et des semaines, vivant en Robinsons, et comme je lui demandais quel serait le nom de cette formation bizarre, qui venait ainsi se joindre au groupe d'autos-canons :

« Appelez-les les « Forbans de l'Yser ! » me répondit-il... et n'en parlons plus.... »

Je transformai *proprio motu* cela en « Flottille de l'Yser » et elle vivota tant mal que bien sous notre aile, pendant bien longtemps, jusqu'à ce qu'on eût enfin pensé qu'il y avait une meilleure utilisation, pour marins... de l'État, que d'habiter si pacifiquement une bélandre accotée à la berge d'un paisible canal....

*
* *

Au cantonnement de O.-D.-B..., en Belgique, alors que je suis plongé dans un effroyable calcul sur un nombre affolant d'allumettes, de grammes de bougie, de centigrammes de charbon ou de tabac, un être hirsute frappe à ma porte....

Il n'y a pourtant point de mendiants, sur le front?

Que me veut donc cet homme aux cheveux embroussaillés, à la barbe envahissante, aux yeux de fièvre?

Il est vêtu d'une houppelande toute maculée de boue et en loques, qui ressemble à une capote de fantassin prise au décrochez-moiça ; ses orteils passent au travers de godillots informes ; il est coiffé d'un bonnet de laine vert déteint... il ne dit mot et tremble de la tête aux pieds.

« Qui êtes-vous?

— Je suis le second-maître Kersaudy, commandant !

« Mais excusez... parce que j'ai des frissons du diable.

— Voyons ! voyons !... d'abord, asseyez-vous.

« Second-maître ? Vous êtes second-maître ? Et d'où venez-vous, mon pauvre ami ?

— Second-maître de manœuvre, et je viens des ponts....

— Des ponts ?

— Oui... des ponts de N.... »

.   .   .   .

Je ne comprends décidément pas... et l'autre est si peu loquace ! Cependant, il poursuit son récit :

« Oui... des ponts ! et si c'était pas pour mes hommes, j'y serais resté ; j'aime pas m'absenter de mon poste ; j'ai toujours peur qu'il arrive quelque chose quand je suis pas là....

« Mais, il faut tout de même pas qu'ils crèvent de faim, n'est-ce pas ?

« Donc, j'ai appris que vous veniez d'arriver ici ; un officier de marine, que je me suis dit, y a du bon ! On s'arrangera toujours avec lui, bien qu'il nous connaisse pas....

« Nous sommes « là-haut » depuis six mois, sans avoir reçu un sou de solde, sans avoir pu toucher des effets de rechange ni rien de chaud, si bien qu'ils « ralinguent » tous de froid... comme moi, et je crains fort qu'ils finissent par crocher une mauvaise maladie. On est dans l'eau tout le temps ; l'eau de la pluie, celle de la rivière....

— Mais enfin, manger?

— Jusqu'à hier, oui, on a mangé à peu près, moi et mes sept hommes ; on a été pris « en subsistance » par une compagnie de génie, parce que le capitaine a eu pitié ; mais elle a été remplacée, et le nouveau capitaine veut rien savoir.

« —D'où venez-vous? qu'il m'a questionné.

« — De Dunkerque, et puis du 1er régi-
« ment de fusiliers, et du 2e aussi.

« — Alors, adressez-vous à votre corps
« d'origine....

« — Mais, mon capitaine, comment vou-
« lez-vous que ceux de Dunkerque nous fassent
« porter nos rations ici?

« Quant aux fusiliers-marins, ils ne sont
« plus dans la région.

« — Il fallait partir avec eux....

« — Pas moyen, puisqu'on est désigné
« pour les ponts !

« — Qui me le prouve, après tout? Avez-
« vous des instructions écrites, pouvez-vous
« me montrer un ordre quelconque? » etc., etc.

« Bref, commandant, il est peut-être « dans
le règlement » ce capitaine ; n'empêche qu'on
claque du bec depuis vingt-quatre heures...
et il faudrait pas que ça dure....

« Des instructions écrites? Misère, va !...
Le second-maître Kersaudy avoir des instructions écrites, comme si je serais un grand
chef !

« Dans une auto, oui, qu'on nous a empilés

un beau soir... pour nous mener directement
là où qu'on est. Et il y a six mois de ça, sans
repos, sans relève, presque sans sommeil...
sous le bombardement continuel, car c'est
précisément nos ponts qu'ils visent, ces
bougres-là !

— C'est bon, c'est bon, mon brave Kersaudy ! Votre histoire ne m'étonne pas, car
rien ne m'étonne, quand on me parle du
dévouement des marins ! on vous tirera de
peine, allez ! C'est moi qui vous prends « en
subsistance » dès à présent ; la voiture qui
vous reconduira tout à l'heure à vos ponts
vous portera tous les vivres nécessaires... et
puis nous vous paierons, nous vous habil-
lerons.... »

(Ah ! la joie ! la bonne joie émue, qui
mouilla les yeux du pauvre diable !)

« Vous ferez partie du 1er groupe d'autos-canons, et ce n'est pas moi qui m'en plaindrai....
Et puis, je vais vous envoyer en permission.

— Commandant, ça... non !... plus tard.

— Tatata... je vous ferai remplacer « là-haut » par un bon second-maître, pendant votre absence.

— Me remplacer? »

Et la figure de Kersaudy exprime tout à coup un mépris considérable.

« Me remplacer par un « sacot [1] » ou un « pied-noir [2] »....

« Moi, manœuvrier? Ah ! j'aimerais mieux crever à mon poste !

« Et puis, de toute façon, il y a la grande marée... et je veux être là quand elle viendra, d'ici une quinzaine.... Après... je dis pas non... s'il y a pas trop de casse... je verrai à voir... je demanderai pas mieux que d'aller embrasser les vieux, à Portzpoder d'où je suis natif.... »

*
* *

Trois aventures de marins, qui sont revenues à mon esprit, ce soir, alors qu'au son

1. Un porteur de sac, un fantassin.
2. Un mécanicien.

atténué des bamboulas tardives, j'éprouve l'envoûtement des souvenirs de « là-bas »....

Marins à pompon rouge ! Marins à col bleu ! Qui saura jamais *tout* ce que vous avez été, pendant la Grande Guerre?

L'épopée de la brigade de Dixmude, c'est la page choisie de votre Livre d'or ; sur mer, vous êtes, et simplement, des héros patients, presque méconnus, car trop souvent vos prouesses se terminent au fond de l'océan béant, puis refermé sur votre gloire engloutie ; un jour, sans doute, saura-t-on ce que vous avez fait, canonniers-marins, défenseurs de nos forteresses les plus menacées, ou disséminés d'un bout à l'autre du front ; mais il y a quelque chose qu'on ne saura jamais bien et ce sont les services discrets que tant de matelots ont encore rendus, avec leurs autos-projecteurs, leurs postes automobiles de télégraphie sans fil, par exemple ; et les guetteurs sémaphoriques, les observateurs en aérostats, canonniers, mitrailleurs ou pilotes d'aéroplanes ou de dirigeables ; les équipages de canonnières fluviales et que sais-je encore ?

Et les « détachés », les errants... les perdus livrés à eux-mêmes, les bons forbans, comme ceux de l'Yser... les pontonniers comme Kersaudy ?

Honneur ! Ah ! oui ! honneur à tous ceux-là, dont on ne parlera jamais !

TABLE DES MATIÈRES

15.

CORBEIL. — IMPRIMERIE CRÉTÉ.